Tschirikow - Virtus
Die Juden

Umschlag

Russischer Jude unter der drückenden Last staatlicher Auflagen.
Ausschnitt aus einer Zeichnung im US-Magazin „Judge", 1904

Eugen Tschirikow
M. Virtus

Die Juden

Ein Schauspiel und ein Essay
aus der Spätzeit des Zarenreiches

Neu herausgegeben von

Harald Pinl

Altencelle
2025

Verlag: BoD · Books on Demand GmbH, In de Tarpen 42,
22848 Norderstedt, bod@bod.de
Druck: Libri Plureos GmbH, Friedensallee 273, 22763 Hamburg

ISBN: 978-3-7693-5559-8

Inhalt

Zum Geleit

Mit dieser Schrift sollen zwei Darstellungen des Schicksals der jüdischen Bevölkerung im Russischen Reich vorgestellt werden. Beide Werke sind etwa zur gleichen Zeit entstanden, in der Phase der Spätzeit des Zarenreiches, in den Jahren 1904 und 1905.

Eugen Tschirikows Schauspiel „Jewrei – Die Juden" wurde zunächst von der zarischen Zensur zurück gehalten, konnte dann aber doch 1904 erstmals im Petersburger Verlag „Snanije" erscheinen. Bereits im selben Jahr wird es in der deutschen Übersetzung von Georg Polonskij in München, im Verlag Dr. Julian Marchlewski veröffentlicht. Marchlewski zählt zu den Mitbegründern des Spartakus. Der bereits 1905 aufgelöste Verlag hatte sich besonders russischer Literatur angenommen, u.a. der Autoren, die im Zarenreich selbst nicht veröffentlichen durften. So ist bei Marchlewski auch Tschirikows Roman: „Unter Polizeiaufsicht" erschienen, als er in Russland in Teilen verboten war.

Das Essay „Die Juden" von M. Virtus erschien in Deutschland 1906 in dem Sammelwerk „Russen über Russland" von Josef Melnik. Dieses Werk war zuvor im November 1905 in den USA erschienen. Melnik ist bekannt als Herausgeber und Übersetzer russischer Schriften, z. Bsp. von Fürst Trubezkoj oder dem russischen Minister Witte. Über M. Virtus ist nur bekannt, dass er in St. Petersburg gelebt hat. Doch lässt sein Essay über die Unterdrückung des jüdischen Volkes im Zarenreich auf profunde Kenntnisse über die Geschichte und das Judentum in Russland schließen. Möglicherweise war „virtus", als lateinisches Wort für Tugend und Mut gelesen, nur ein Deckname, um im Russischen Reich politischen Unannehmlichkeiten wegen kritischer Äußerungen zu entgehen.

Beide Darstellungen, das Schauspiel und das Essay, sind wohl als Reaktion auf die Pogrome gegen die jüdische Bevölkerung in

Kischinew, der Hauptstadt Bessarabiens (Moldawiens), 1903 entstanden und klagen die von einer regierungstreuen Presse entfachten und von den Behörden geduldeten Unterdrückungen und Ausschreitungen gegen die jüdische Bevölkerung an.

Die Neuauflage der Werke wird in der Abhandlung von Virtus mit Fußnoten und zeitgenössischen Abbildungen ergänzt, die im Text genannte Personen, Institutionen, Orte und Begriffe näher erklären sollen. Die Rechtschreibung wurde nur marginal an die heutige angepasst, um den Charakter der ursprünglichen Schriften zu erhalten.

Biographische Notizen zu Jewgenij (Eugen) Tschirikow sollen das Leben und Wirken des russichen Schriftstellers streifen, da das Interesse für seine Schriften erst in jüngster Zeit wieder geweckt wurde. Dem dient auch ein kurzer Abriss über drei seiner erst kürzlich neu herausgegebenen Werke auf Deutsch als Abschluss dieser Schrift.

Altencelle, im Januar 2025   Harald Pinl

Eugen Tschirikow
Portrait von Ilja Repin, 1906

Eugen Tschirikow

Schauspiel in 4 Aufzügen

Deutsch
===== von Georg Polonskij. =====

MÜNCHEN 1904.
Verlag Dr. J. Marchlewski & C°-.

Personen im Schauspiel

Leiser Frenkel, 60 Jahre alt, mit einem großen silberweißen Bart und buschigen, tief herabhängenden Brauen. Seine Gestalt erinnert an einen biblischen Patriarchen. Von Beruf Uhrmacher.

Boruch (Boris), sein Sohn, 22 Jahre alt, Student, wegen Beteiligung an Unruhen relegiert.

Lija, seine Tochter, 18 Jahre alt, Kursistin (Studentin), ebenfallls wegen Beteiligung an Unruhen relegiert.

Schloime, 19 Jahre alt, Gehilfe in Frenkels Uhrladen.

Nachmann, 26 Jahre alt, Melamed (Lehrer), von nicht hohem Wuchse, brünett, hager, mit fieberhaft flackernden Augen, exaltiert. Macht den Eindruck, nervenkrank zu sein.

Beresin, Boruchs Studienfreund, ein Russe, ehemaliger Student, hager, hochgewachsen, blond, spricht ruhig, mitunter träge, aber immer überlegt. Er liebt, seine Reden mit der Phrase: „Es ist schon so!" zu begleiten.

Iserson, Arbeiter aus einer mechanischen Werkstatt, düster, schweigsam, spricht im Basston, trägt eine blaue Bluse und schaut zu Boden. Wenn er erregt wird, beginnt er zu schreien und mit seinen langen hageren Armen herumzuwerfen.

Fuhrmann, 40 Jahre alt, Doktor med., von gedrungenem Körperbau, wohlgenährt. Seine ganze Gestalt, Gesten und Stimme bekunden die ruhige Selbstsicherheit und Zufriedenheit eines satten Menschen. Trägt einen Zylinder und raucht nur Zigarren.

Srul, Zeitungsverkäufer, rothaarig, hochgewachsen und dürr; ein ironisches Lächeln irrt beständig über sein Gesicht. Er gestikuliert stark und zuckt häufig mit den Achseln.

Aaron, Bruder von Leiser Frenkel, 55 Jahre alt, Kaufmann in einem benachbarten Orte.

Chane, seine Frau, eine hagere, rastlose Greisin.

Tante Sara, die Schwester von Leiser Frenkel, eine korpulente Frau mit gutmütigem Gesicht.

Ein Herr im Pelerinen-Mantel.

Ein Pan (polnischer Herr). Besucher im Uhrladen.

Ein Muschik.

Mascha, Dienstmädchen bei Leiser Frenkel.

Vorübergehende, ein **Polizist,** eine Menge **Arbeitsleute** und

Bauern.

Die **Handlung** spielt in einer Stadt des jüdischen Ansiedlung-Rayons [1] im nordwestlichen Russland.

Zeit: Gegenwart [1904].

---

[1] Gebiet im Russischen Reich, auf welches das Wohn- und Arbeitsrecht der jüdischen Bevölkerung beschränkt war.

Erster Aufzug.

Die Wohnung des Uhrmachers Leiser Frenkel. Ein großes, niedriges Zimmer in einem Kellergeschoss, das durch einen Gewölbebogen in zwei Hälften geschieden ist: die vom Zuschauerraum aus rechte Hälfte ist als Uhrladen verwendet, besitzt zwei Fenster, die auf die Straße gehen; zwischen diesen eine Tür mit Glasscheiben und einer automatischen Klingel. Die Wände sind mit Uhren von verschiedenem Kaliber behängt, deren Pendel den Raum mit ununterbrochenem Ticktack erfüllen; vor den Fenstern stehen kleine Tische, an denen Leiser Frenkel und sein Gehilfe Schloime arbeiten. Die linke Hälfte des Zimmers dient als Saal und hat zwei Türen: links geht es in das Zimmer von Boruch, und durch die Hinterwand in andere Wohnstuben. Von letzterer aus führt eine Hintertreppe auf den Hof. Nachmittags. Beim Aufgehen des Vorhangs setzen Leiser und Schloime arbeitend ein bereits begonnenes Gespräch fort! Aus dem Zimmer Boruchs dringen von Zeit zu Zeit Stimmen von Leuten, die eine lebhafte Diskussion zu führen scheinen.

LEISER. Nein, Schloime! ich werd' es nicht mehr erleben, meine Augen werden es nicht mehr sehen! — Aber vielleicht werden meine Enkel oder Urenkel wieder nach Palästina kommen.

SCHLOIME. Das gebe Gott, Reb Leiser! [2] —

LEISER. Und sie werden endlich ihre eigene Heimat haben wie jeder Mensch! —

SCHLOIME. Das gebe Gott, Reb Leiser! —

---

[2] Reb (auch Rebbe) ist in Verbindung mit dem Vornamen die bei Orthodoxen übliche, ehrenvolle Anrede eines männlichen Juden auf Jiddisch.

LEISER. Jaja! Und ich – ich werde hier bleiben, auf fremder Erde!

SCHLOIME *(seufzend)*. Was ist da zu machen?

LEISER *(nach einer kurzen Pause)*. Vielleicht bringt dann jemand aus Palästina eine Handvoll heilige Erde mit und wirft davon auch auf mein Grab. …

SCHLOIME. Wenn der Mensch gestorben ist, so ist ihm alles egal: nie wird er erfahren, was auf der Welt geschieht, — nichts mehr sehen, nichts hören. ... Es ist nicht gut, dass die Menschen durchaus sterben müssen.

LEISER. Wer weiß, Schloime, vielleicht ist es doch gut! … Würden keine Menschen sterben, so würde das Brot ja so teuer werden, dass wir beide sowieso Hungers sterben müssten. . . .
(nach einer kurzen Pause) Und dann, wenn der Mensch lang gelebt hat, so kommt ihm das Leben gar nicht so schmackhaft vor, wie Dir, Schloime! … Jaja! …

SCHLOIME *(etwas verlegen)*. Aber ich leb' doch so sehr gern, Reb Leiser! …

LEISER. Gern? … Als ich noch ein ganz kleiner Junge war, da liefen wir auf die Wiesen hinter dem Flusse und suchten dort wilde Zwiebeln auf. Und damals schien mir, Schloime, dass es nichts Schmackhafteres auf der Welt gibt als diese Zwiebeln! … Du bist noch ein ganz junger Jude, Schloime … man hat dich noch zu wenig geprügelt! …

SCHLOIME *(leise, mit Angstzittern in der Stimme)* Wissen Sie, was ich Ihnen erzählen möcht', Reb Leiser? Als ich gestern früh über den Markt ging, da hat mich ein Betrunkener im Genick gepackt und mir einen Hieb versetzt. … Ich hab' ihm ja gar nichts getan, — ich g i n g nur so. … Und als ich dann davon lief, da warf Einer mit einem Stein nach mir. … Gott sei Dank! der Schuft traf mich nicht! ... Es war ein großer Stein! ... Was hab' ich ihnen denn getan?! Ich ging nur so. ...

LEISER. Vor zehn Jahren war in unserer Stadt ein Gymnasiast verschwunden. Da sagte man, dass wir — die Juden ihn zum Passahfest geschlachtet hätten. Gott sei Dank, dass der Gymnasiast wiedergefunden wurde. ... Es stellte sich heraus, dass er von zu Hause fortgelaufen war, um nach Amerika zu fahren. ... Gott sei Dank! Schloime, dass er nicht bis Amerika gekommen ist ... dass man ihn noch aufgefangen hat! ... Denn, wenn man ihn nicht so bald aufgefangen hätte, so würden sie uns wieder gemordet und geplündert haben.

SCHLOIME. Als bei uns in Wilna die Judenverfolgungen waren, da war ich noch ganz klein, und ich weiß mich an nichts mehr zu erinnern. ... Sie haben mir meine Mutter getötet ... *(seufzend)* ich kann mich gar nicht mehr auf meine Mutter besinnen. ...

LEISER. Und wo war damals dein Vater?

SCHLOIME. Der Papa? ... Der Papa war nach Amerika gegangen. ... Er hat gesagt, wenn er reich würde, so würde er uns nach Amerika herüberholen. ... Aber als er dort war, da hat er ganz auf uns vergessen. ... Die Mutter hat sehr geweint. ... Wer weiß? Vielleicht ist auch der Papa schon längst gestorben ... ich bin allein. *(Ein Muschik tritt ein, nimmt die Mütze ab.)*

MUSCHIK *(gutmütig)*. Wer auch hier im Hause sei: Gott der Herr, er steh' ihm bei! — Wohnt hier nicht der rote Jud' Jankel?

LEISER *(ohne die Arbeit zu unterbrechen)*. Der Jude Jankel? Den gibt's hier nicht. ...

MUSCHIK *(mit den Lippen schmatzend)*. Äch! wo hat sich denn nu der verflixte Jud versteckt? Ich such ihn und such ihn. ...

(Setzt die Mütze auf.) Vielleicht nebenan?

LEISER. Weiß nicht.

MUSCHIK. Der Jud meint, dass ich ihn prügeln werde. … Aber keine Spur! … er soll mir bloß mein Geld rausgeben! …

LEISER. Jankel ist nicht da … musst ihn schon wo anders suchen.

MUSCHIK. Hm! das ist ein Teufelsjud'! … Na! Behüt euch Gott! Und bleibt gesund. *(Ab.)*

SCHLOIME *(nach einer kurzen Pause)*. Und doch wart' ich immer, Reb Leiser. … Vielleicht bringt mir einmal der Briefträger einen Brief … und, sieh'! der Brief ist vom Papa! … Alles ist möglich. … Dann werd' ich nicht allein sein. Es tut weh, allein auf der Welt zu sein! …

LEISER. Ich hab' in meinem Leben dreimal alles verloren, was ich besaß, und dreimal von neuem angefangen, mein Leben aufzubauen, Schloime. Wie eine Biene hab ich tropfenweis den Honig aufgesammelt. Und wenn in meinem Bienenstock genug Honig war, dann haben sie ihn mir zerstört und alles, was drin war, herausgenommen. … Hier auf der Backe hab' ich ein Zeichen: ein Mörder schlug mich mit einer Sense ins Gesicht, und ich fiel um; er dacht', dass ich schon tot bin, spuckte mir in den Mund und ging davon. Ich lag aber und lag, sehr lange lag ich da … ich tat, als wär' ich gestorben. Mein Gesicht war über und über in Blut, und als jemand vorbeiging, da hielt ich den Atem an.

SCHHLOIME. Ei, ei, ei!

LEISER. Boruch und Lija waren damals im Cheder [3] und meine selige Frau war nach Kijew zu ihrer Mutter gereist. … Wer weiß?

---

3 Jüdische, religiös geprägte Elementarschule.

Wären sie zu Hause gewesen, würd' ich jetzt vielleicht ebenso allein sein wie Du. … Weißt Du, was mit Hiob geschah?

SCHLOIME. Wie soll ich das nicht wissen!

LEISER. Da kam Einer und sprach: „Deine Söhne und Töchter aßen und tranken im Hause ihres Bruders, des Erstgebornen; und siehe, da kam ein großer Wind von der Wüste her und stieß auf die vier Ecken des Hauses und warf es auf die Knaben, dass sie starben". …

SCHLOIME. Und waren Sie früher auch reich, wie Hiob, Reb Leiser?

LEISER. Na! So reich war ich nie! Aber ich hatte in Mogilew einen guten Laden und hab' es nicht nötig gehabt, viel zu arbeiten und zu fürchten, dass morgen keiner mit einer Uhr zu mir kommen würde. … Und alles war verloren! Der Wind kam von der Wüste her und fegte alles weg. … Schon zehn Jahre schau ich von früh bis spät in die Uhren und fürchte, dass Einer einmal eine solche Uhr erfinden wird, die gar nicht verdorben werden kann.

SCHLOIME *(pfiffig)*. Das kann aber doch nie sein, Reb Leiser!

LEISER. Dann werden wir beide, Schloime, es schon ganz schlecht haben … ebenso schlecht, wie es unserm Doktor Fuhrmann gehen würde, wenn die Leute mit einem Mal aufhörten, krank zu sein. …

SCHLOIME *(lächelnd)*. Was Ihnen nicht alles einfällt, Reb Leiser. … Ist es denn möglich, dass es einmal auf der Welt garkeinen Kranken mehr geben kann?!

LEISER. Ja, ich glaube es auch nicht, Schloime. … Denn der Mensch ist wie die Uhr; immer will er entweder vorauseilen, oder er bleibt gar zu viel zurück. … Auch der Mensch muss geputzt, repariert und reguliert werden. …

SCHLOIME. Ihr Sohn sagt immer, der Mensch muss ganz kurz und klein zerbrochen und neu geschaffen werden. … Ihr Sohn ist ein sehr kluger Mensch.

LEISER *(seufzend)*. Wenn der Mensch sehr klug wird, ist es ebenso schlimm, wie wenn er ein Dummkopf wäre. … Dann fängt er an zu glauben, dass er klüger als Gott selbst ist. …

(Boruchs Stimme)
„Das hat man früher geglaubt, dass der Mensch frei geboren wird. … Jetzt meint man, dass er in Ketten zur Welt kommt! … Nun aber hat der Mensch die allerhand Fesseln satt und muss sie abstreifen!".

Hörst Du, wie mein Boruch schreit? …

SCHLOIME. Warum streiten sie immer?

LEISER. Boruch will, dass die Menschen nach seinen Gesetzen leben sollen. … Er will nichts davon wissen, dass Gott schon längst den Menschen ein Gesetz gegeben hat.

SCHLOIME. Boruch glaubt nicht, dass die Juden noch einmal nach Palästina kommen werden. Er sagt, dass das alles Märchen sind, sehr angenehm für den, der's glauben will und kann. …

LEISER. Ja es ist ein großes Unglück, Schloime, seine Kinder so klug werden zu lassen, dass sie an diese Märchen nicht mehr glauben. Es ist ein großes Unglück, denn, wenn der Jude an diese Märchen nicht mehr glaubt, dann hört er gar bald auf, Jude zu sein.

SCHLOIME (nach einer Pause). Ich glaube es, Reb Leiser. … Ich glaube, dass alles, was Nachmann gestern gesagt hat, Wahrheit ist!

… Ich gab auch meinen Schekel [4], auch für mein Geld sollen sie heilige Erde kaufen. …

LEISER. Wir müssen daran glauben, Schloime. Sonst ist uns Juden nichts mehr übrig geblieben.

SCHLOIME. Als ich gestern von der Versammlung kam und zu Bett ging, konnt' ich lang nicht einschlafen: ich dachte immer an das, was Nachmann und der Dr. Fuhrmann geredet haben. … Doktor Fuhrmann glaubt auch nicht so ganz. … Er spricht auch sehr gut, aber ich fühl', dass Nachmann die Wahrheit sagt, und nicht der Doktor. …

LEISER. Der Doktor Fuhrmann glaubt nicht an Gott und nicht an den Teufel.

SCHLOIME. Ich hab' lang nicht einschlafen können. Und als ich einschlief, da hatt' ich einen Traum … chä! einen sehr angenehmen Traum! *(Beresin kommt herein.)*

BERESIN *(verbeugt sich schweigend vor Leiser).*
Ist Boris Lasarewitsch zu Hause?

LEISER. Wer ist denn dieser Boris? Den kenne ich nicht. Ich habe einen Sohn, aber er heißt Boruch, und nicht Boris – er ist ein Jude!

BERESIN *(verlegen)*. Ist er zu Hause?

LEISER. Wo soll er denn sonst sein? Man hat ihn auch von der Universität fortgejagt, und jetzt hat er auch nichts mehr zu tun. Gehen Sie zu ihm, da werden Sie es lustiger haben.... Sie schreien dort und streiten. *(Beresin geht durch den Saal und den Laden in Boruchs Zimmer; wie die Tür geöffnet wird, dringt der Lärm der*

---

[4] Der vom Zionistenkongress 1897 eingeführte jährliche Mitgliedsbeitrag für die zionistische Organisation.

Streitenden stärker herüber; durch diesen Lärm hindurch lässt sich die Stimme Nachmanns deutlich vernehmen:)

„Gott sei Dank! Das jüdische Volk lebt noch. Wir werden sterben, aber das jüdische Volk wird bleiben! Auch dieser junge Herr liebt sehr zu streiten … aber, Gott sei Dank, er schreit nicht. … Sieh mal, Schloime! ich habe gemeint, Boruch und Lija werden ihr Studium zu Ende bringen und dann werd' ich alter Mann es leichter haben. … Und da mussten sie die Unruhen mitmachen und nun gibt es nichts mehr zu hoffen. …

(Der Lärm im Zimmer Boruchs lässt merklich nach).

SCHLOIME *(in Angst).* Warum war denn der Herr Pristaw [5] da?

LEISER. Er hat gesagt, dass meine Kinder die Stadt nicht verlassen dürfen, und gab mir ein Schreiben zu unterzeichnen. Ich hab' gemeint, dass sie ihr Studium beenden werden und dann hingehn können, wo es besser zu leben ist. Statt dessen ist nun alles viel schlimmer geworden: sie dürfen jetzt nicht einmal aus unserer Stadt hinaus. …

SCHLOIME. Ich hab' gehört, der Sohn vom Bankier Saker hat auch die Unruhen mitgemacht und sein Vater hat ihn von zu Hause weggejagt. … So'n reicher Herr und macht doch die Unruhen mit.

(Pause).

LEISER. Nun, warum erzählst Du mir deinen Traum nicht, Schloime?

SCHLOIME *(hört auf zu arbeiten).* Ich? Ich hab' einen sehr guten Traum gehabt!

LEISER. Nun! … Was hast Du denn im Traum gesehn?

---

[5] Polizeichef

SCHLOIME. Als ob ich ging und ging und immer weiter ging. Meine Beine taten mir weh, und ich wollte gern essen. Mit einem Mal kam ich in eine Stadt, in eine sehr große und schöne Stadt! Es war schon Nacht und kein Mensch war mehr auf der Straße. Ich fürchtete, dass auch in der Stadt die Juden nicht wohnen dürfen. Und als ich an der Ecke den Herrn Schutzmann sah, da erschrak ich sehr. ... Ich dacht' so für mich: jetzt kommt er auf mich zu und sagt: „Den Pass her!"

LEISER. Nun!

SCHLOIME. Ich wollt' schon davonlaufen, Reb Leiser, aber der Herr Schutzmann schrie mir zu: „Hab' keine Angst! Ich bin auch ein Jude!" *(lacht freudig und reibt sich die Hände.)*

LEISER. Das ist ein sehr guter Traum, Schloime! Solche Träume hab' ich nie in meinem Leben gehabt, und werd' sie wahrscheinlich auch nie haben. ... Und was war dann weiter?

SCHLOIME. Ich hab' gesagt: „Dürft' ich Sie fragen, was ist dies für eine Stadt?"

LEISER *(ihm in die Rede fallend:)* Das war wohl Jerusalem?

SCHLOIME. I wo! Zuerst hab' ich auch gedacht, Jerusalem. Es war aber Jericho. ... Und mein Herz schlug so stark, dass ich aufgewacht bin und gemeint hab', ich soll gleich vor Freude sterben. ... Und ich konnte nicht mehr einschlafen. So wohl und schaurig war mir zu Mut! ...

LEISER. Und darum arbeitest Du heut' auch so faul? ...

SCHLOIME *(nachdenklich).* Ich glaub', dass ich noch einmal nach Palästina komme und diese schöne Stadt sehe.

LEISER. Vorläufig aber mach' die Uhr für den Apotheker, Schloime.

(Unter dem Ladenfenster wird die Stimme des Muschiks hörbar.)
„Tante! Weißt du nicht, Mütterchen, wo der rote Jud' Jankel wohnt? Ich such' ihn und such' ihn." …

SCHLOIME *(nimmt die Arbeit wieder auf)*. Ein Jude hat gesagt, dass, wenn Messias kommt, dass alle Juden, die in verschiedenen Ländern wohnen, in Polen, bei uns, in Amerika, in Afrika und in England, und überall, alle unter der Erde nach Palästina ziehen werden! [6] Ist das auch wahr, Reb Leiser?

LEISER. Das ist wahr, das ist wahr! … alles ist wahr! … Jaja!

SCHLOIME. Aber wozu denn unter der Erde, Reb Leiser? Man kann doch per Schiff oder per Eisenbahn fahren oder zu Fuß gehen. …

LEISER. Unter der Erde ist es für den Juden besser, Schloime: dort begegnet er keiner Polizei und kann ruhig bis ins heilige Land kommen. Wenn du aber gehst oder fährst, zu Wasser oder zu Lande, so wird man von dir den Pass verlangen, und wenn man den gesehen hat, sagen: „Geh zurück, denn durch unser Land darf der Jud' nicht ziehen! .... Und so wird er nie ins heilige Land kommen. *(Die Tür aus Boruchs Zimmer öffnet sich, durch die der unharmonische Lärm der Streitenden dringt. Nachmann, Boruch, Beresin, Lija und Iserson treten in den Saal. Lija setzt sich im Vordergrund der Bühne nieder, Iserson in einer Ecke des Hintergrundes, während Boruch sich an Beresin hält.)*

NACHMANN *(heftig gestikulierend und leidenschaftlich)*.
Meinetwegen! — Bitte! wenn eure Rechte fordern, dass ich meine Seele verkaufe, dann verzichte ich auf diese Rechte! Ich verzichte!

---

[6] Eine jüdische Volkslegende.

BERESIN *(mit einer Handbewegung)*. Sie sind aber ein sonderbarer Mensch, Herr Nachmann! Wahrhaftig!

NACHMANN *(gekränkt)*. Ich bin ein sonderbarer Mensch ... und was sind Sie? ... Gut! Ich bin ein sonderbarer Mensch; aber die Freiheit meines Geistes verkaufe ich nicht, meine Herren! Für kein Geld! Sie ist unverkäuflich! ...

LIJA. Aber Nachmann! Sie haben's nicht verstanden!

BERESIN *(geringschätzig)*. Niemand fordert doch von Ihnen dieses Opfer!

NACHMANN *(ins Wort fallend)*. Wer fordert nicht? Sie fordern es nicht! Aber das Leben fordert's! *(bitter)*. Was sind Sie denn? Sie können mir nichts geben und nichts nehmen! ... Das Leben fordert's! Boris Lasarewitsch hat auf Deutschland und Frankreich hingewiesen. Aber Sie wissen nicht, meine Herren, was die Juden in Deutschland und Frankreich sind! Ja! Dort haben die Juden manche Rechte. Aber dafür nahm man ihnen ihre ganze Seele. ... Was für Juden sind dort! Sie schämen sich ihres Judentums und tanzen, wie die Andern pfeifen. ... Sie verbergen und erdrücken ihre Gefühle, ... sie betrügen sich selbst und die Andern! ...

BERESIN *(resigniert)*. Dann tun sie auch unrecht!
(setzt sich neben Lija.)

NACHMANN. In Deutschland ist der Jude ein Deutscher, in Frankreich ein Franzose. Das heißt: weder ein Deutscher, noch ein Franzose, sondern ein Jude, der sich als Deutscher oder Franzose gebärdet. ... Die tun unrecht. ... Aber zeigen Sie es ihnen, wie sie Juden bleiben können!

ISERSON *(aus der Ecke, sehr laut)*. Ist denn der Jude besser als der Deutsche, oder der Deutsche schlimmer als der Jude?! Ich kenne nur zwei Nationen: die eine arbeitet viel und isst wenig, die andere arbeitet wenig und isst sehr viel!

BERESIN. Warum wollen Sie denn eigentlich durchaus Jude bleiben? ... Es wird doch eine Zeit kommen, wenn ...

NACHMANN *(ins Wort fallend, beißend)*. Warum ich Jude sein will? Das ist doch eine merkwürdige Frage. Ich frage Sie doch nicht, Herr Beresin: warum sind Sie der Sohn Ihrer Mutter und Ihres Vaters? ...

(Ein kurzes allgemeines Schweigen.)

ISERSON *(aus der Ecke)*. Man hat mir Vater und Mutter gemordet, als ich noch ein Säugling war. ... Ich gehöre zu der Nation der Hungernden.

NACHMANN. Sie sprechen von Frankreich! Aber hetzt man denn nicht auch in diesem freien Lande den Juden wie überall? Hat sich denn nicht in Dreyfus das Schicksal des gesamten Judentums verkörpert? [7]

LIJA. Und Emile Zola? Zola? [8]

NACHMANN. Eine Schwalbe! Die macht den Juden noch keinen Sommer! — Rechte! In Deutschland haben die Juden e u r e Rechte, aber was nützt es ihnen? Die Stimme des Juden braucht dort niemand. Diese Stimme benutzen die Parteien nur in äußersten Fällen ... sie benutzen sie mit Widerwillen! Wie hungrige,

---

[7] Langjähriger Prozess in Frankreich um den jüdischen Hauptmann Alfred Dreyfus. 1894 wegen angeblichen Landesverrats an das Deutsche Reich verurteilt, 1906 rehabilitiert. Anlass zu antisemitischer Hetze.

[8] Emile Zola trug als Journalist wesentlich zur Rehabilitierung von Dreyfus bei.

herumstreichende Hunde schweifen wir seit zweitausend Jahren über fremdes Land … und haben weder Heimat noch einen Herrn!

ISERSON *(aus der Ecke)*. Einen Herrn? Hahaha! Wollen Sie? Ich werde Ihnen meinen Herrn schenken! Ich hab' ihn schon längst satt. …

BERESIN. Wozu brauchen Sie denn durchaus einen Herrn? Das ist es eben, Nachmann, dass Sie uns nicht begreifen wollen!

LIJA *(sucht Nachmann zu überreden)*. Haben Sie denn wirklich gedacht, dass es immer so bleiben wird, wie es jetzt ist? Denken Sie denn wirklich, dass die Menschheit niemals von diesem toten Fleck wegkommen wird?

NACHMANN. Die Menschheit! die Menschheit! Was ist denn die Menschheit? Ich hab' sie nie gesehn!

LIJA. Ich hab' sie auch nie gesehn … was will das aber sagen? Ich glaube dennoch, dass alles Gute, Schöne und Reine, das in jedem Menschen wohnt, an der Hand der Erkenntnis, die uns die Wissenschaft offenbart, wachsen und gedeihen wird. … Es wird eine Zeit kommen, wo dieses Gute und Vernünftige, das in allen Menschen zusammen …

NACHMANN *(ins Wort fallend)*. Und wohin tun Sie alles Schlechte, Niederträchtige, Tierische, das in allen Menschen zusammen wohnt?

ISERSON. Wenn der eine Unternehmer den anderen Unternehmer fressen wird, so wird selbstverständlich das ganze Pack zusammengefressen. Der Unternehmer ist gierig! … Er frisst alles! Er wird sich überfressen, wird daran erwürgen … und — verrecken!

NACHMANN *(hartnäckig)*. Ich weiß ganz und gar nicht, wie es nach tausend Jahren aussehen wird! Aber jetzt ist jeder Mensch noch unbedingt entweder Russe oder Pole oder Neger oder Jude!

ISERSON *(steht auf und gesellt sich der Gruppe der Streitenden zu).* Wer es begriffen hat, warum der eine Mensch den andern an der Kehle würgt, der ist kein Russe, kein Pole, kein Jude mehr! … Der ist einfach ein Mensch! … Ist Marx oder ist Bebel denn ein Jude? Sind sie denn Deutsche?

NACHMANN. Ich kenne die Herren nicht. … *(zu Beresin)* Lächeln Sie nur nicht! Ihr Bebel hat gesagt, dass die Sozialdemokraten sich über jede Äußerung des Antisemitismus empören und entrüsten, hat aber noch hinzugefügt, dass der Antisemitismus den Sieg der Sozialdemokratie herbeiführen hilft. …

BERESIN. Was folgt denn daraus?

BORUCH. Soll man denn historische Tatsachen leugnen?

NACHMANN *(immer leidenschaftlicher).* Leugnen kann man die nicht; aber — erklären: „Wir empören uns!" und dabei sich freuen: „es wird uns nützen!" das heißt, kein Herz haben! … Wenn die Menschen sich wirklich empören, so können sie nicht so urteilen.

LIJA *(verwundert).*
Was hätte denn Bebel sagen sollen, Nachmann?

NACHMANN. Auf alle Fälle nicht von dem Nutzen reden, der aus jüdischem Schweiß, jüdischen Tränen und jüdischem Blut der Menschheit gekommen ist! Unser Blut ist auch rot! …

BERESIN. Erlauben Sie, Nachmann! Sie haben kein Recht und keinen logischen Grund, Bebel zu beschuldigen. . .
(steht auf, setzt sich aber, als Iserson aufspringt, gleich wieder neben Lija).

ISERSON *(springt auf Nachmann zu).*
Bebel hat es sagen m ü s s e n! Er hat es vor der ganzen Welt ge-

sagt … er hat es im Namen unser aller gesagt! Die Judenverfolgungen mögen Bebel schon ergreifen! Wozu denn aber weinen und sich mit den Fäusten in die Brust schlagen! Bekommen es denn die Menschen dadurch leichter? .... Bebel ist doch kein Schauspieler! Und Sie haben kein Recht, so von unserm Bebel zu sprechen!

NACHMANN *(mit bebender Stimme)*. Ich habe keine Rechte! Gar keine! Ich brauche sie auch nicht! Und meine Logik ist h i e r … im Herzen! *(schlägt sich mit der Faust in die Brust)* Hier! hier! Und wenn euer Bebel so ruhig sprechen kann, so kommt's daher, dass er nicht nur einfach „ein Mensch" ist, sondern vor allem daher, dass er kein Jude ist! Ja! Wäre er ein Jude! … *(Macht eine Handbewegung, geht an den Tisch, gießt sich mit zitternden Händen aus der Karaffe Wasser in ein Glas, setzt sich nieder und trinkt, wobei seine Zähne leise klirrend gegen das Glas schlagen.)*

LEISER FRENKEL *erhebt sich, durch das Geschrei beunruhigt, von seinem Sitz und tritt unter den Gewölbebogen, der in den Saal führt.*

ISERSON. „Ruhig!" … „Ruhig!" Schöne Ruhe! wenn der Mensch nicht weint, sondern vor der ganzen Welt schreit: „Schlagt zu! ihr Schufte und Dummköpfe, aber wisset, dass der Stock zwei Enden hat und dass mit jedem Hiebe wir stärker werden! …

LEISER. Vergebens regen Sie sich auf und vergiften sich ihr Blut, Reb Nachmann! Die glauben schon längst nicht mehr an unsere Märchen.

NACHMANN *(steht auf, schreitet erregt durch das Zimmer und spricht, das allgemeine längere Schweigen unterbrechend, in Extase)*. Aber, meine Herren, auch unsere Wanderschaft wird ein Ende haben. Einmal kommen wir doch nach Hause! *(Deklamiert:)*

26

Nun seh' ich klar! nun ward es licht!
Rings um mich her nur Feindesschar,
Voll Angst der Weg und voll Gefahr,
Und doch — einen andern geh' ich nicht! —
Sollt' alles Leid mir widerstehn;
Ich will zur Heimat geh'n! —

(Während er deklamiert, lässt Schloime die Arbeit ruhen, lauscht freudig lächelnd, seufzt und setzt sich wieder an den Tisch.)

Erinnern Sie sich, was Prophet Sacharia gesagt hat? „Zu der Zeit werden zehn Männer aus allerlei Sprachen einen jüdischen Mann bei dem Zipfel ergreifen und sagen: Führe uns nach Jerusalem!"

ISERSON *(aus der Ecke, düster)*. Das ist schon in Erfüllung gegangen .... der Prophet ist gekommen! Alle Verfolgten aus allen Stämmen, in Scharen folgen sie Marx nach! .... Mögen die Blinden und Tauben warten, bis man sie nach Jerusalem führen wird.

LEISER *(zürnend)*. Ja! wir werden warten! Und werden glauben!

BORUCH. Der Eine glaubt dies, der Andere das! Aber glauben allein ist wenig. Meinetwegen warte! ... .

LEISER. Ja! wir werden warten. Worauf werdet aber ihr warten? He! Ihr habt nichts zu erwarten, nichts!

LIJA. Schrei nicht so, Vater! schrei nicht so!

LEISER. Ich will nur wissen, was ihr erwartet? Juden wie ihr, wie Du und Boruch, haben nichts zu erwarten!

NACHMANN. Das ist nicht so, Reb Leiser: sie haben auch etwas zu erwarten ... sie warten, dass hier auf Erden das Paradies wird, wie in Messopotamien. ... Aber damals waren's nur Zwei; Adam und Eva, und jetzt gibt's soviele Menschen: Deutsche, Franzosen, Russen, Engländer, Polen, Armenier, Juden! ... Nicht zu zählen!

BORUCH. Ich hab' nur gesagt, dass Glauben allein wenig ist. ... Es gibt noch eine Geschichte, Wirtschaftsformen, Reiche und Arme, Satte und Hungrige. ... Und da kommt man mit dem Glauben allein nicht aus. ... Die Geschichte kümmert sich nicht darum, was ein Nachmann denkt und glaubt. ...

LEISER *(schüttelt den Kopf)*. Wie er spricht! ...
(Schloime spricht an der Ladentür mit dem Muschik.)

NACHMANN. Beruht denn euer Paradies auf Erden nicht auf dem Glauben? Kann denn der Mensch ohne Glauben leben? Jeder muss etwas glauben. Wir glauben an die Wiedergeburt unseres Volkes, und ihr glaubt an die Wiedergeburt der ganzen Menschheit. Warum soll denn euer Glaube richtiger als der unsere sein! ...

BORUCH. Weil er historischen Tatsachen entspringt, und nicht der krankhaften Phantasie eines eingeschüchterten und gehetzten Menschen! ...

NACHMANN. Und Sie wollen diesem gehetzten Menschen die letzte Hoffnung rauben? Das ist doch seine letzte Hoffnung! sein letztes Stückchen Brot! ... Ihr dürft es nicht tun! Ihr habt kein Recht dazu! Wenn ihr einen neuen Weg entdeckt, dann geht ihn. Aber führt nicht Andere darauf, denn ihr könnt nicht wissen, wohin dieser Weg euch bringt!

ISERSON. Viel weiter als nach Zion!

BORUCH. Fahren Sie getrost mit! Wir bringen Sie schon noch dorthin!

LIJA. Boris! Sprich doch ernsthafter!

NACHMANN. Vorläufig hat uns Ihr Weg noch nicht an ein Ziel gebracht. Und wir sind überall nach wie vor — „die Jüden"!

LIJA *(mild)*. Das ist nicht wahr, Nachmann!

LEISER. Richtig, Reb Nachmann!

NACHMANN. Das ist gewiss. In Galizien hat die jüdische Intelligenz in den sechziger Jahren genau so gedacht, wie Sie jetzt denken! Sie hat sich mit den Polen verbrüdert, ihr Blut mit dem polnischen Blut gemischt, und nicht nur durch Ehebündnisse, — vielmehr in den Schlachten, auf den Barrikaden und auf dem Schafott. *(Fast schreiend.)* Damals dachte die Blüte unserer Jugend, dass die jüdische Frage durch die polnische zur Lösung gebracht werden würde ... Und was war die Folge? Was war die Folge, Reb Leiser? Die Folge war: als die Polen in Österreich Herren wurden, begannen sie vor allem damit, „den Jud" wie einen Hund zu hetzen!

LEISER. Jaja!

NACHMANN *(mit Tränen in der Stimme und in den Augen).*
Und dieser Hund hatte für sie sein Blut vergossen, ja! sein Blut! Wir verarmten, wir starben Hungers und … füllten die Lusthäuser mit unseren Töchtern! … Das geschah, sobald die Polen ans Ruder kamen. … *(Schroff abbrechend.)* Na! Ganz egal. … Sie wollen mich nicht verstehen! …

BERESIN *(nach einem allgemeinen Schweigen).*
Sie grämen sich darüber, dass Sie keinen Herrn haben, Nachmann. Ich wiederhole Ihnen aber, dass es einen gibt! Das ist ja gerade der springende Punkt, dass es einen gibt! …

NACHMANN. Wo ist er? Es gibt nur Feinde, aber keinen Herrn.

BERESIN. Wir und Sie haben einen gemeinsamen Herrn, Nachmann! Es ist schon so! —

NACHMANN.
Nun, wo ist er denn? Ich sehe ihn nicht und kenne ihn nicht!

ISERSON *(schreit aus der Ecke).* Der Bourgeois!

BERESIN. Und solange der Herr bleibt, sind eure Träume von Zion unerfüllbar. Was geht denn die Bourgeoisie euer Zion an?

ISERSON. Sie hat es ja ohnehin warm!

BERESIN. Solange aber Einer warm sitzt, glaubt er, dass es alle so haben. Wenn Einer am Ofen steht, denkt er nicht daran, dass es draußen kalt ist. … In diesem Sinne wird unser Bourgeois und euer Bourgeois vollkommen solidarisch sein. … Versuchen Sie doch einmal, Ihren Bankier Saker, der mit gleicher Geschicklichkeit die Juden und die Russen aussaugt, nach Palästina zu führen!

NACHMANN *(auf ihn zu, heftig)*. Und wer unterstützt ihn denn dabei? Ich frage: wer unterstützt den Saker? Wenn ein armer Jude einen überflüssigen Groschen verdient, da schreien alle: Betrüger! . . . Aber wenn Saker Eisenbahn-Konzessionen kriegt und die Staatskasse um Hunderttausende beraubt, so schweigen alle und drücken ihm noch die Hand! Wer sind denn seine Helfershelfer? Mit wem teilt denn Saker? Mit den Juden? …

BERESIN. Das ist eine ganz andere Frage! Und Sie stützen durch diese Frage nur unsere Position. … Wenn es sich um Ausbeutung und um Auspressung der letzten Säfte handelt, so vergessen die Deutschen und die Juden und die Russen ihre Nationalität und richten sich ganz kollegialisch ein! Ich sprech' aber von ganz anderem!

BORUCH. Beresin hat Ihnen vorgeschlagen, Saker nach Palästina zu führen!

BERESIN. Ja! versuchen Sie es!

BORUCH. Der wird Sie zu allen Teufeln schicken! — Geld wird er euch wohl geben, auch wohlwollend seinen Beifall äußern, die Auszeichnung eines zionistischen Ehrenmitgliedes annehmen, aber nach Palästina überzusiedeln. …

NACHMANN. Ich will ihn auch nicht nach Palästina haben!

ISERSON. Ich weiß, dass Saker bei den Zionisten Ehrenmitglied ist. Er ist stolz auf diese Auszeichnung!

BORUCH. Und spottet heimlich über euch und eure Übersiedelungspläne.

BERESIN. Übersiedeln wird er nicht, aber eine Filiale seines Bankgeschäftes wird er mit Vergnügen in Palästina eröffnen!
(Alle lachen, außer Nachmann. Nachmann zuckt mit den Achseln.)

NACHMANN. Nun, wir können Gott danken, dass er nicht hingeht. Solche, wie Saker, brauchen wir nicht.

ISERSON. Es wird eigenes Gewächs gleicher Art kommen.

NACHMANN. Die schenken wir dann euch! …

ISERSON. Wir fürchten sie nicht! Sie fürchten uns.

NACHMANN. Wir brauchen Kämpfer! Und wir haben sie! Sie wecken das jüdische Volk vom tausendjährigen Schlafe auf und entfachen in ihm den erloschenen Glauben. … Und, Gott sei Dank! Im Volke ist noch viel Kraft geblieben! Nach all den Verfolgungen und Leiden, die seit 2000 Jahren auf das Volk der Juden gehäuft wurden, horcht es beim Ruf dieser Kämpfer auf! … Wir müssen seinem erwachenden Bewusstsein zu Hilfe eilen … wir müssen es zur Wiedergeburt führen! *(zu Boruch.)* Wenn das Volk noch nicht stark geworden und noch nicht ganz an seine Wiedergeburt glaubt, müssen wir es beseelen! Das ist die erste Pflicht unserer Intelligenz! Sie müssen Ihre Stimme zur Verteidigung des unglücklichen Volkes erheben!

LEISER *(kopfschüttelnd)*. Jaja! …

NACHMANN. Sie müssen laut schreien, durch die ganze Welt, dass das Volk der Juden noch lebt! ...

LEISER. Jaja!

NACHMANN. Ja! schreien! Sie aber — schweigen!

ISERSON *(springt aus der Ecke hervor, zu Nachmann.)* Und was könnt Ihr Zionisten uns Arbeitern und Handwerkern geben? Ihr fordert, dass wir für Euer Ideal arbeiten und Opfer bringen, dass wir in den ersten Reihen eurer Bewegung stehen sollen.

NACHMANN. Ja! Wenn Sie ein Jude sind, müssen Sie das begreifen!

ISERSON. Ich bin ein Jude! und doch begreif' ich's nicht. ... Was können eure Ideale uns, den jüdischen Arbeitern und Handwerkern geben? ... Ihr vertröstet uns auf ein glückseliges Leben in Palästina! ... Warum soll es dort für uns so glückselig werden? ... Ihr zeigt uns nicht, was wir jetzt tun sollen ... so können wir aber nicht länger leben! Wir können nicht! Wir sterben vor Hunger, man nötigt uns, Einer den Andern zu fressen. ... Unseren Kindern fehlt die Milch! ...

NACHMANN. Ich habe Ihnen schon gesagt, dass der Grund dieses Elends in der unnatürlichen Lage des jüdischen Volkes liegt.

BERESIN. Wir glauben, dass diese Verhältnisse nicht allein bei den Juden unnatürlich sind!

NACHMANN. Wo sind wohl die natürlichen Verhältnisse?

ISERSON. Auf dem Monde, Herr Nachmann! *(Alle lachen.)*

NACHMANN *(erzürnt)*. Dann bleibt Ihnen nur eins übrig: übersiedeln Sie auf den Mond!

ISERSON. Wozu? Wir wollen halt versuchen, hier auf der Erde

etwas zu schaffen.

NACHMANN. Nun, da schlag' ich Ihnen vor, das in Palästina zu tun.

ISERSON. Warum nur in Palästina? Für uns ist's überall gleich. Ihr Zionisten wollt einen eigenen Staat haben. Was geht aber uns euer Staat an, wenn wir auch dort werden Knochen nagen müssen? Wir gehen lieber zu denen, die auch Knochen nagen, wer sie auch sind, und wollen mit ihnen leben und arbeiten. ... Es gibt jetzt aber viele Menschen, die am Hungertuch nagen! Einer isst süße Pasteten, der Andere knabbert an einem Knochen! ... Und danach soll man die Menschen verteilen! ... Ihr wisst nicht zu sagen, wie wir uns jetzt helfen sollen, und wollt uns auf eure Träume vertrösten!

NACHMANN. Warum dieses: „auf eure"? Der Zionismus ist das Ideal des ganzen jüdischen Volkes, und Sie sind doch, wenn ich nicht irre — ein Jude!

BERESIN. Aber ihr Zionisten sagt gar nichts davon, wie die Arbeiter in Palästina leben werden!

ISERSON (geht mit einer Handbewegung auf die Ecke zu und setzt sich nieder). Uns ist ganz egal, wo wir als Zwangsarbeiter leben, hier oder in Palästina.

BERESIN. Ich bin ganz einverstanden mit Iserson.

ISERSON. Wir wollen hier leben und hier arbeiten! Wir haben unser eigenes Ideal!

LIJA (setzt sich zu Nachmann). Ich glaube nicht, Nachmann, dass wir Juden imstande wären, etwas Großes für unser Volk zu tun. ... Selbst, — allein! Wenn es alle Menschen besser haben werden, dann wird's auch für unser Volk besser.

NACHMANN. Wenn alle es besser haben! alle! — Für uns ist's heute genau so schlimm wie vor tausend Jahren. Leben wir denn nicht im Ghetto, wie wir im Mittelalter gelebt haben? Verfolgen sie uns denn nicht, wie sie uns im Mittelalter verfolgten? Gibt es denn für uns, irgendwo auf der Erde, Gerechtigkeit, Gesetz, Achtung vor der Persönlichkeit? Das gibt's nicht! Das gab es nicht und gibt es nicht! Und das wird so bleiben, solange wir im Exil sind! .. Helfen Sie dem Volke, wieder nach Hause zu kommen! Schreien Sie, dass es Zeit ist, nach Hause zu gehen, und führen Sie es dorthin! Und Sie ... Sie schweigen!

BORUCH. Hungernde wollen vor allem Nahrung haben ... was soll man ihnen von Wiedergeburt reden! Eure Wiedergeburt ist nur die Butter, die das Brot schmackhafter machen soll. Das Volk hungerte, man lockte es mit Brot nach Palästina, und es ging ... das ist eure ganze „Wiedergeburt"! Und nun — fliehen sie von dort! ... Es hat sich herausgestellt, dass eine „Wiedergeburt" nur möglich ist, wenn man über ein entsprechendes Umsatzkapitälchen verfügt.

NACHMANN *(springt von seinem Sitz auf)*. Sie verleumden das Volk! Sie kennen es nicht! Sie haben kein Recht, so zu sprechen! Das ist ... das ist unehrlich!

BORUCH. Was haben Sie gesagt? Unehrlich? — Ich fordere, dass Sie es sofort zurücknehmen! *(Die Anwesenden drängen sich um die Streitenden, Nachmann und Boruch.)*

LIJA. Boris! lass' es!

LEISER. Du hast vergessen, dass Reb Nachmann unser Gast ist!

BERESIN. Meine Herren, so geht es nicht! . . .

NACHMANN *(mit gesenkter Stimme)*. Nun — verzeihen Sie! Ich

bin schuldig.

BORUCH. Mit Ihnen — diskutiere ich nicht mehr.

NACHMANN *(streckt ihm die Hand entgegen)*.
Nun, ich bekenne mich schuldig! ich hab' mich vergessen! Ich bitte um Verzeihung! … Aber ich empfand doch in meinem Herzen eine große Kränkung, die um so bitterer war, weil sie von einem Juden kam! … *(Boruch reicht Nachmann die Hand.)*

LIJA. Du warst auch schroff gegen Nachmann, Boris! Mehr als einmal! *(Tritt zurück und setzt sich. Ihr folgt Beresin. Nachmann geht hin und her durch das Zimmer.)*

NACHMANN. Ach was, schroff! Kann man da ruhig bleiben, wenn nicht die Zunge, sondern die Seele spricht! Unmöglich! … Jeder Mensch hat seine Stelle … die weh tut, wenn man sie berührt. Ich hab' auch schroff gesprochen. … Aber nicht um Worte handelt es sich hier. …
(Lässt sich müde auf den Stuhl fallen und senkt das Haupt.)

LEISER *(ironisch)*. Ihr habt euch ja wegen Saker beinah gerauft!

NACHMANN *(leise und nachdenklich)*. Solche, wie der Saker, brauchen wir nicht. … Wenn man seine Seele verkauft, braucht man nicht nach Palästina zu gehen.

BORUCH. Wir haben unsere Seele nicht verkauft, und doch gehen wir nicht hin. Oder, meinen Sie vielleicht, dass wir unsere Seele verkauft haben?

NACHMANN *(müde)*. Ach, bitte! — Das hab' ich nie gedacht!

LEISER *(zu Boruch)*. Du suchst immer nach einer Schlinge, um hineinhaken zu können! Du hast einen sehr schlechten Charakter! Du wirst schweres Leben auf der Welt haben.

BORUCH. Ich bin, wie ich bin. Werd' schon fertig werden.

NACHMANN. Ich hatt' es ganz anders gemeint. … In Galizien ist der Jude aller Rechte beraubt. Man verschließt die Schulen vor ihm, man besteuert ihn über Vermögen, man verweigert ihm den Rechtsspruch … dafür aber geht der reiche Jude Moritz Stern, der seine Seele schon längst dem Teufel verschrieben hat und dreimal wegen scheußlicher Verbrechen vor Gericht kam, Arm in Arm mit dem Gouverneur selbst spazieren! — Wer seine Seele verkaufen will *(schluchzend)*, braucht nirgends hinzufahren!
(Wischt sich mit dem Tuch die Tränen ab.)

BERESIN. Sie sollten etwas für Ihre Nerven tun!

NACHMANN. Ach! hat denn ein Jude Nerven? Er hat weder Nerven, noch ein Herz, noch eine Seele … nichts hat er! …
(Die zahlreichen Uhren des Ladens beginnen Zwölf zu schlagen. Darauf ein kurzes allgemeines Schweigen. Lija flüstert mit Beresin.)

LEISER *(seufzend)*. Zehn Jahre möcht' ich schon, dass alle Uhren bei mir auf einmal schlagen. Und nie war es möglich. … Sie sind wie die Menschen; nie können sie einig werden. …
(Geht nachdenklich in den Laden.)

(Vorhang.)

Zweiter Aufzug.

Dieselbe Dekoration. Abend. Im Laden arbeitet Schloime am Werktisch, beim Schein einer niedrigen Lampe mit grüner Kuppel, allein. Lija und Beresin sitzen im Saal, den die Abenddämmerung erfüllt. Durch die Wand dringen dumpfe Mollakkorde eines Har- moniums, auf dem jemand ein Präludium von Mendelssohn spielt. Beim Aufgehen des Vorhangs tritt aus den hintern Zimmern Mascha mit einer brennenden Lampe in der Hand.

MASCHA (stellt die Lampe vor Lija und Beresin auf den Tisch). Gnädiges Fräulein! Bitt schön, ich möcht' aus dem Dienst gehn!

LIJA (verwundert). Du willst von uns fort? … Warum denn? Bist du unzufrieden?

MASCHA. Unzufrieden? nein! Aber … ich weiß nich, ob wahr is oder nich, aber die Leut' sagen da allerlei … ich fürcht' mich!

LIJA. Ich versteh' nicht. … *(Schloime lässt die Arbeit aus der Hand, lauscht den Musikakkorden und seufzt.)*

MASCHA. Sie sagen, die Juden werden nun abgeschlachtet . . . und was soll ich denn machen? … Jeder hat doch Angst für sein Leben, gnädiges Fräulein! Wenn sie erst anfangen und drauflosgehn, dann fragen sie nicht lang. … *(Pause.)* Sofort verlassen will ich Sie nicht, Sie können ja nicht ohne Mädchen bleiben; aber ich möcht' Sie bitten, dass Sie sich nun eine Andere suchen möchten.

LIJA. Gut. *(Mascha ab. Längere Pause.)* Jedesmal, wenn ich von Judenverfolgung reden höre, beginne ich erst zu fühlen, dass ich eine Jüdin bin. … Und in meiner Seele beginnt es sich feindselig zu regen gegen … euch, die Russen, die uns peinigen! … Und dann fange ich an, meine Zugehörigkeit zu diesem Volke zu empfinden, wie ich sie sonst nicht empfand. … So auch jetzt: In Bessarabien werden wieder neue Judenverfolgungen erwartet.

BERESIN *(traurig)* . Ja! ich hab's gehört. ...

LIJA. Und ich beginne feindselig zu fühlen ... sogar ... gegen dich!

BERESIN. Bin ich denn auch schuldig, Lija? Bin ich denn nicht ebensogut „Jüd"? Auch mich haben sie mein Lebenlang gehetzt, von der Schulbank an. Ich bin in einer armen Familie aufgewachsen. Ich sah, wie sie, die die Macht haben, meinen Vater, meine Mutter erniedrigten. Ich wuchs heran in Hass, in sklavischer Angst vor diesen Reichen, Geputzten, Starken. ... Ich verdiente mein Brot immer mit Erniedrigung. Für die Groschen, die sie mir für all diese Unterrichtsstunden, die Abschreibereien und Zeichnungen zahlten, verlangten sie einen gebeugten Nacken. ... Sie ließen mich im Vorzimmer warten, wie einen Lakai, und auf jeden Schritt und Tritt gaben sie mir zu verstehen, dass ich ein Bettler bin und dass mein mit gekrümmtem Rücken verdienter Groschen ein Almosen all dieser satten, selbstzufriedenen Gauner sei. ... Die hasse ich! ... Sie haben meine Seele entstellt, ihr die Flügel zerbrochen! Sie wollten niederträchtige Feigheit in mir züchten! Für jeden mutigeren Atemzug, für jeden Drang nach Freiheit haben sie mich gehetzt! ... Ich habe keinen starken Willen, aber ... Hass gegen sie hab' ich genug! Ich bin auch ein „Jüd"! ... Ich bin in nichts vor dir schuldig!

LIJA. Nicht schuldig! Ich weiß es, und doch kann ich dieses feindselige Regen in meiner Seele nicht unterdrücken. Ich lieb' dich; zugleich aber ist es mir, als zürne ich dir. ... Etwas vergiftet mein Vertrauen auf dich. ... Sei mir nicht gram, Wladimir! ich bin nicht schuld daran! ... *(Beklemmendes Schweigen. Die Akkorde des Harmoniums klingen gedämpft hinter der Wand.)*

Bist Du mir böse?

BERESIN *(wirft den Kopf zurück)*. Nein — so. ... 's ist mir so schlecht zu Mute. Es schmerzt mich, dass die Menschen einen Funken dieser sinnlosen Feindseligkeiten in dir zu entfachen vermochten. ... Wer spielt denn dort ... so, als weinte er über etwas?

LIJA. Das ist ein kranker Knabe, der Sohn unsers Nachbarn . . . ein Jude. Eines Tages haben ihn christliche Knaben aufgehalten und einen bösen Streich an ihm ausgeführt. ... Sie „tauften" ihn in einem schmutzigen Fasse, mit Regenwasser. Es war im Herbst ... sehr kalt. Er wurde krank und kam um seine gesunden Beine. ...

BERESIN *(seufzend)*. Ja! dieser fürchterliche Hass wird unsern Kindern schon mit der Muttermilch eingeflößt. ...
(Die Musik verstummt.)

LIJA. Als ich noch ein halbwüchsiges Mädchen war und das Gymnasium besuchte, ist mir etwas passiert ... ich werd' es nie vergessen, bis zu meinem Tode nicht. ... Auch jetzt bring' ich's nicht aus dem Sinn.

BERESIN. Was war dir denn passiert? ... *(Pause.)* Lija!

LIJA. Ein christliches Kind, ein Knabe von vier Jahren, war verschwunden, und in der Stadt fing man an zu erzählen, die Juden hätten es getötet.

BERESIN. Die Römer haben Gleiches von den ersten Christen behauptet! ...

LIJA. Meine Mitschülerinnen stritten sich darüber, ob wir Christenblut gebrauchen oder nicht. Eine kam auf mich zu und fragte: „Ist es wahr?" Sie hatte ein herausforderndes Gesichtchen aufgesetzt ... noch jetzt steht es vor mir. Ich sagte, dass es eine Lüge ist. Das Mädchen blieb hartnäckig; die Andern hörten ihr zu, und alle verschlangen sie mich beinahe vor Neugier mit ihren Augen, als sähen sie ein seltsames Tier vor sich. ... Ich schlug vor, den Pfarrer darüber zu befragen. Als dann die Religionsstunde kam, ging ich mit ihnen in die Klasse und nahm neben jenem Mädchen Platz. ... Als es in der Klasse still wurde, erhob sich dieses Mädchen und fragte laut den Pfarrer, ob es wahr sei. ...

BERESIN. Was hat er gesagt?

LIJA. Er? — Er hat gesagt, dass es eine dunkle Sache sei und dass er es weder behaupten noch leugnen könne. ... Ja, so hat er's gesagt! Da wandte sich meine Nachbarin zu mir und flüsterte, ziemlich laut: „Was? Wer hat recht?" Das kränkte mich und tat mir so sehr weh, dass ich in Schluchzen ausbrach. ... Der Pfarrer fragte, was es denn gäbe, und ich hörte, wie eines der Mädchen ihm leise sagte: „Sie ist eine Jüdin!" *(flüsternd.)* Ich bekam einen hysterischen Anfall. ... *(Hält inne; durch die Wand hindurch lassen sich wieder Akkorde des Harmoniums vernehmen.)*

BERESIN. Lija! Du scheinst zu weinen? *(Nimmt ihre Hand.)* Nicht doch, Täubchen, nicht! ...

LIJA. Nein! ich weine nicht, aber es fällt mir so schwer, das zu erzählen. ... Als ob das alles erst gestern war! Das war die große Tragödie meiner kleinen Seele. ... Und wie ich mich jetzt an diese Tragödie erinnere, da ist es mir, als wäre sie noch nicht zu Ende ... ja! als würde sie n i e zu Ende sein ... bis zu meinem Tode!

BERESIN *(küsst Lija die Hände)*. Warum so reden? ... Nicht doch! ... Es ist Zeit, das zu vergessen! ...

LIJA. Solange wir in Petersburg lebten, hab' ich's vergessen, dass ich eine Jüdin bin. Jetzt aber kann ich es nicht aus dem Kopfe bringen. Wahrhaftig! Es muss doch tief in der Seele eines Menschen eine unbewusste Anhänglichkeit an sein Volk und seine

Religion wohnen!

BERESIN. Religion?

LIJA. Ja. Mich rührt eigentlich unsere Religion nicht, und vieles in ihr kommt mir … albern vor. Zuweilen aber, wenn ich höre, wie der Vater seine Gebete am Sabbat spricht, regt sich plötzlich etwas in meiner Seele … weit, weit! Dort … irgendwo! … etwas Eigenes, Nahes, Trautes taucht auf, als wäre es mir um etwas leid … *(leise.)* Und plötzlich presst sich mir das Herz zusammen … ich möchte weinen! *(Lässt den Kopf sinken.)*

BERESIN. Du scheinst in der Tat weinen zu wollen, lass doch das!

LIJA. Nein. So … es geht vorüber. Mir tut Nachmann leid. Wahrscheinlich hat er es schon erraten.
(Die Akkorde des Harmoniums brechen ab.)

BERESIN. Hast Du es ihm noch nicht gesagt? … Du musst es ihm sagen; es ist nicht gut so.

LIJA. Ich verschieb' es immer. Ich schau ihn an, und dann tut er mir so leid, dieser Mensch, dass ich nicht kann. … Er ist ein sehr guter Mensch! Der Vater hat so eine Ehrfurcht vor ihm. … Früher hab' auch ich Ehrfurcht vor ihm gehabt. … Ich hab' ihm viel zu verdanken.

BERESIN. Ein guter Mensch ist er, aber … ihm fehlen Kenntnisse. Er entdeckt in einem fort neue „Amerikas". Sag' es ihm doch sehr bald! … Ich glaub', er hat's schon erraten! … Er hasst mich. Auch dem Vater sag' es!

LIJA. Eben d a s ist für mich eine Qual! Für den Vater wird es ein schwerer Schlag sein. … Ihm die ganze Wahrheit sagen, das heißt — ihm mit eigenen Händen ein Messer ins Herz stoßen! … Aber das ist doch auch eine Pein, lieben und sich verstecken, und sich ängstigen, immerfort! … Ich komme mir wie eine Verbrecherin vor: ich lebe in ewiger Furcht, dass mein Verbrechen aufkommt!

BERESIN. Ja! verstohlen zu lieben, das gefällt auch mir nicht.

LIJA. Ich beneide meine Schwester. Sie hat sich, ohne zu schwanken, taufen lassen, hat einen Russen geheiratet und lebt jetzt ihr eigenes Leben. … Sie hat vollkommen mit der Familie gebrochen, und es tut ihr nicht leid um den Vater. … Der Vater verbietet, ihren Namen zu nennen. …

BERESIN. Sie ist ein ganzer Kerl! Was gehen uns die Eltern an? Wir haben unser eigenes Leben … und wir für uns haben das Recht, es so zu verausgaben, wie's uns gefällt. Man muss alles niederreißen, was am Leben hindert. Alle diese Fetzen des Wohlergehens von heute binden uns an Händen und Füßen. … Das ist schon so!

LIJA. Du sprichst so, wenn du neben mir bist. Zu Hause rechnest du doch sicherlich mit deinen Eltern. … Ich weiß, dass unsere Beziehungen ihnen nicht gefallen!

BERESIN (seufzend). Was geht's mich an? „Willst Du Dir eine neue Welt bauen, so nimm nichts aus der alten mit!" … Das ist schon so.

LIJA (nachdenklich). Zu Hause suchst du wohl zu beweisen, dass ich so gut bin … dass ich gar nicht wie eine Jüdin bin! … Sonderbar! Wenn ihr einen guten Juden seht, dem ihr nichts Schlechtes nachreden könnt, dann sagt ihr: „er ist gar nicht wie ein Jude!" Warum? Er ist dennoch ein Jude! …

BERESIN. Lija! wer sind denn diese „i h r?" Von wem sprichst du denn?

MASCHA (erscheint in der Tür).

Gnädiges Fräulein, der Samovar ist fertig! *(Will fort.)*

LIJA. Mascha, warte!

MASCHA. Gnädiges Fräulein wünschen?

LIJA. Hassest du mich?

MASCHA. Aber, gnädiges Fräulein … ! Erbarmt euch! Warum soll ich Sie denn hassen?

LIJA. Darum, weil ich eine Jüdin bin!

MASCHA. Ach wo! Sie sind ja doch so gut mit uns. … Sie haben auch nicht s o viel *(weist die Nagelspitze ihres kleinen Fingers)* Jüdisches an sich! Bei Gott! Keiner wird sagen, dass Sie eine Jüdin sind!

LIJA *(ironisch lächelnd)*. Nicht einmal ähnlich?

MASCHA. Aber gar nicht! Sie sind ganz wie eine echte Russin!

LIJA *(bricht in Lachen aus)*. Ich dank' dir! … Geh' jetzt, geh'!

MASCHA. Wirklich! bei Gott! Wird denn Einer sagen, dass …

LIJA. Schon gut, schon gut! geh' nur! — Ich dank' dir für das Kompliment! *(Mascha ab.)*
Da siehst du!

BERESIN. Was kann das beweisen? *(Lija fährt fort zu lachen.)* Das ist doch so bedeutungslos! Ich würde mich schämen, damit zu rechten!

LIJA *(hört plötzlich auf zu lachen, ernst)*. Und Du hast nie so gesprochen? Besinn' dich nur!

BERESIN. Ich?

LIJA. Besinn' dich nur!

BERESIN. Nein! ich kann mich nicht erinnern.

LIJA. Im Winter! auf dem Studentenball. … Ginzburg hat dich gebeten, ihn einem Fräulein vorzustellen … einer Blondine. Erinnerst du dich? Sie fragte: „Ist er ein Jude?" Und du hast ihr gesagt: „Er ist zwar ein Jude, aber so gut, so gut, dass er gar nicht wie ein Jude ist!"

BERESIN *(verlegen)*. Ja! etwas Derartiges war es, scheint mir.

LIJA. Nicht Derartiges, sondern: so war es!

BERESIN. Du suchst überall nach einer Beleidigung, darum findest du sie. … Darf man denn so einer Lappalie eine Bedeutung beimessen? … Du bist krankhaft empfindlich!

LIJA. Wohl möglich! ich weiß es nicht. … Jene Antwort von dir stach mich ins Herz! — Ich habe die ganze Nacht über geweint, … ich fühlte mich so erniedrigt. … Es tat so weh! … Ich suchte mich selbst zu überreden, dass ich dich nicht liebe. …
(In den Laden kommt jemand vom Apotheker, um die Uhr zu holen. Schloime putzt die Uhr mit einem weichen Leder ab, wickelt sie in Papier und händigt sie dem Boten ein. Der Bote geht.)

BERESIN *(küsst Lija die Hand)*. Aber du hast es dir nicht einreden können. Nicht wahr, du hast dich nicht überzeugt? Du liebst mich … ich weiß es. … *(Schloime guckt in den Saal hinein, schüttelt vorwurfsvoll den Kopf und geht seufzend wieder an den Tisch, unterbricht aber die Arbeit von Zeit zu Zeit und lauscht.)*

LIJA *(leise)*. Ach! wenn ich Dich nicht lieben könnte! …
(lässt den Kopf sinken. Beresin steht neben ihr, streichelt ihren Kopf und schaut ihr immer wieder in die Augen.)
Ich liebe dich zu meiner Qual! *(auffahrend.)* Still! Fort von mir! Ich glaub', da kommt jemand … der Vater!

BERESIN. Keiner kommt! … Was fürchtest du dich denn? Es ist doch gleich!

LIJA. Ach! wie ich erschrocken bin! … *(Pause.)* Ich will Dir noch was sagen. … Ich bin nicht religiös … ich habe keinen Glauben, aber … mich taufen lassen kann ich nicht. … Du wirst mich doch auch so lieben?

BERESIN. Was fragst du!

LIJA. So ist's gut, so ist's gut! Lass es so sein!

BERESIN. Wenn ich darauf zu reden kam, so geschah es sicherlich nicht darum, weil ich es etwa für wichtig für unsere Beziehungen halte!

LIJA. Ja, freilich! ich weiß das. … Bist du mir bös?

BERESIN. Ich hab' dir nur gesagt, dass dann tausenderlei Hindernisse uns in den Weg kommen werden … tausenderlei Dornen! … Ich fürchte, du wirst ermüden, mein Täubchen!

LIJA. Ich werde nicht ermüden! Und wenn ich ermüde, sterbe ich und ruhe aus. … Ich kann mich nicht taufen lassen! Mein ganzes Wesen lehnt sich dagegen auf, und mir scheint, dass, wenn ich das tue … verliere ich dich und mich selbst. …
(Im Laden läutet es; Nachmann tritt dort ein. Lija bricht erschreckt ab und springt auf.)
Das ist er … der Vater!
(verschwindet in den hinteren Zimmern. Beresin geht, nervös in den Haaren wühlend, auf und ab durchs Zimmer.)

NACHMANN *(erwidert Schloimes Gruß).* Guten Tag, Schloime! Arbeit'st immer?

SCHLOIME. Ja, ich arbeite. Wie denn sonst, Reb Nachmann? Werde ich nicht arbeiten, werd' ich auch nichts zu essen haben.

NACHMANN. Ist Reb Leiser zu Hause?

SCHLOIME. Sie sind nicht zu Hause; sie haben einen Geschäftsgang gemacht. Sie kommen bald wieder zurück. … Ist es wahr, dass es in Bessarabien sehr unruhig ist und dass man da eine Judenhetz' anfangen wird?

NACHMANN. In den Zeitungen hab' ich nichts darüber gelesen; aber man sagt, dass es wahr ist. Ein Freund von mir hat einen Brief aus Kischinew bekommen. … Da ist es sehr unruhig: schon zwei Wochen, dass die Juden in lauter Angst leben; die Reichen retten ihr Geld in die Banken und fahren fort, die Armen haben nichts zu retten und auch nirgends hinzufahren. …

SCHLOIME. Eijeijei! … Warum verfolgen sie uns? Leben denn die armen Juden besser als die armen Polen und Russen? … Die nur ein Kissen und den ganzen Tag über nur einen Hering haben, die wollen sie totschlagen! … Wofür?

NACHMANN. Ja, Schloime! Gott will uns öfters daran mahnen, dass wir Juden in Goles [9] leben und dass es Zeit ist, dass wir an die heilige Erde denken. *(Geht in den Saal.)*

SCHLOIME. Das ist wahr, das ist wahr, Reb Nachmann!
(Setzt sich wieder an die Arbeit. Nachmann grüßt schweigend Beresin. Beide gehen im Zimmer hin und her, indem sie sich feindselig meiden.)

NACHMANN. Haben Sie die gute Nachricht gehört?

BERESIN. Ich habe nichts gehört. Was für eine Nachricht?

NACHMANN. In Bessarabien wird man bald wieder die Juden morden.

---

[9] Exil

BERESIN. Ich hab' es nicht gehört. Sehr bedauerlich!

NACHMANN. Und sehr schmerzlich!

BERESIN. Wahrscheinlich. Ich weiß es nicht — ich bin noch nicht geprügelt worden!

NACHMANN. Sehr bedauerlich!

BERESIN. Wäre es Ihnen angenehm, wenn man mich geschlagen hätte? — Sonderbar!

NACHMANN. Dann hätten Sie es begriffen, wie schlecht es ist, wenn man Menschen peinigt, nur, weil sie als Juden geboren sind. … Manche Leute sagen: „sehr bedauerlich!" — Es tut weh, Herr Beresin, es tut sehr weh! Und Sie müssen sich gewiss schämen.

BERESIN. Für andere?

NACHMANN. Ja, versteht sich! … *(Pause.)* Ich möchte Ihnen eine Frage vorlegen, aber ich fürchte, Sie wieder zu beleidigen! …

BERESIN. Bitte sehr, fragen Sie nur!

NACHMANN. Haben Sie nie gesehen, wie man uns Juden prügelt?

BERESIN. Nein, ich hab' es nie gesehen und bin froh, dass ich es nie gesehen habe.

NACHMANN. Das ist ein sehr schönes Bild! … Vielleicht werden wir auch hier eine Judenschlächterei haben. … Dann sollten Sie sich's ansehn!

BERESIN. Mich wundert Ihr Ton!

NACHMANN. Ich wollte bloß wissen, was Sie tun würden, wenn Sie sähen, dass man auf die Juden losschlägt!

BERESIN. Interessiert Sie das?

NACHMANN. Sehr! — Wenn Ihre Glaubensgenossen vor Ihren Augen die Juden totschlagen, ihnen aus den Betten die Federn auslassen, aus den jüdischen Bäuchen die Gedärme herausreißen, unsere Frauen, unsere Mütter und Schwestern schänden werden ... was werden Sie tun?

BERESIN *(ausweichend)*. Ich weiß es nicht!

NACHMANN. Sie werden aber doch etwas tun müssen! Oder wollen Sie daneben stehen und zuschauen? — Oder ... es ist wohl nicht — „eure Sache"? — Wenn nur für die Menschheit eine Wiedergeburt kommt, die Juden kann man aus Pläsier totschlagen wie die Hunde!

BERESIN. Sie wollen, um jeden Preis, mich verantwortlich machen für das, was die Anderen tun!

NACHMANN. Ich mache Sie für nichts verantwortlich! Ich möchte nur wissen, was in solchen Fällen Menschen wie Sie tun! Sie können doch nicht stumm Zusehen und denken: Wieder ein Schritt näher zum Siege der Sozialdemokratie!

BERESIN. Ja, was wollen Sie denn eigentlich von mir?

NACHMANN. Werden Sie unter die Menge treten, wenn sie sich anschickt, uns zu martern, um die Dummen und die Niederträchtigen zurückzuhalten?

BERESIN *(gereizt)*. Ich weiß selbst, was ich zu tun habe und brauch' nicht bei Ihnen Rat zu holen. Es ist undelikat ... in die Seele eines Andern zu kriechen!
(Lija erscheint, beunruhigt durch den immer heftiger werdenden Wortwechsel, in der Tür.)

LIJA. Guten Tag, Nachmann! — Wladimir Nikolajewitsch! Haben Sie schon wieder angefangen, zu streiten, meine Herren! ... Ihr diskutiert so schlimm, dass man meinen könnte, Ihr zankt Euch!

NACHMANN. Ich bin ein unglücklicher Mensch, Lija Lasarewna. Wenn ich recht aus der Seele heraus sprechen will, so scheint es den Andern, ich krieche in ihre Seele! Und doch werde ich mir das nie erlauben, weil ich es aus Erfahrung weiß, wie das tut. In die Seele eines Juden dringt man doch immer nur s o hinein: mit den Füßen, in schmutzigen Stiefeln!

LIJA. Aber hört doch auf! Ihr seid beide gute Menschen … warum denn ewig miteinander streiten! … als wäret ihr Feinde!

NACHMANN. Ich hab' Wladimir Nikolajewitsch gefragt, was er tun würde, wenn man vor seinen Augen anfinge, die Juden zu morden. Ist denn meine Frage so undelikat? Ich habe gar nicht auf die Person gezielt, ich wollt' nur wissen, wie man bei Ihnen darüber denkt. Ich habe nie gesehen, auch nicht gehört oder gelesen, dass die russische Intelligenz jemals den Versuch gemacht hätte, die Judenschlächterei aufzuhalten. Alle verstecken sich, alle beeilen sie sich, durch die Polizei sich bescheinigen zu lassen, dass sie Christen sind, dass ihr Eigentum christlich ist! … Im besten Falle äussert sich ihr Heldentum darin, dass die Tapfersten von ihnen den sogenannten „anständigen" Juden erlauben, sich unter ihrem Dache zu verbergen. Sie sagen, dass es solche Menschen wie Sie, d.h. Gesinnungsgenossen von Ihnen, viele gibt. … Wo sind denn aber diese Menschen, wenn man die Juden totschlägt, schändet, plündert?!

BERESIN. In dieser Hinsicht bin ich ebenso machtlos wie Sie . . ich bin ein ebensolcher „Jude" unter meinen Glaubensgenossen, wie Sie unter den Russen! Das wissen Sie doch! … Ich möchte wohl wissen, was S i e dann tun werden!

LIJA. Die Lage ist aber nicht ganz dieselbe!

NACHMANN. Mich wird man schlagen, Sie werden zuschauen! Und dennoch will ich Ihnen sagen, was ich tun werde! ... *(leidenschaftlich.)* Ich werde mein Volk nicht verleugnen, ich werde ... ich werde kein Kreuz um meinen Hals hängen und kein Bild des Gekreuzigten in die Hand nehmen, um mich hinter eurem Gotte zu verstecken! Nein! — wenn ich sterben muss, werde ich als Jude sterben! Ich werde sie verfluchen und werde sie niederschlagen ... bis diese Hände mit dem ersterbenden Leib in den Staub sinken werden! Ich werde einen Revolver nehmen *(zieht aus der Tasche einen Revolver)* und werde mein Volk, meinen Glauben, mich selbst verteidigen! Ich hab' hier einen treuen Beschützer, ihm ist's egal, ob ich Jude oder Christ bin! Und wenn ich sehe, dass ich sterben muss, dann werde ich selbst Nachmann erschlagen ... ich selbst!

BERESIN. Mit dem Revolver werden solche Fragen nicht gelöst. ... Sobald die Menge in Ihren Händen den Revolver erblickt, wird sie wild, und dann ist das Blutbad da! ... Einen schlechten Dienst könnten Sie damit Ihrem Volke erweisen! ...

NACHMANN. Was wollen Sie denn? Wollen Sie denn, dass ich wie ein Kalb krepiere!

BERESIN. Das will ich gar nicht.

NACHMANN. Sogar ein herrenloser Hund wehrt sich und bellt, wenn man ihn einfängt ... und Sie wollen, dass ich mich nicht verteidige!

LIJA. Wer sind das „Sie", Nachmann? Warum zielen Sie mit Ihren Anklagen gegen Wladimir Nikolajewitsch?

NACHMANN. Wladimir Nikolajewitsch hält doch meine Selbstverteidigung für überflüssig! Jeder hat das Recht, sich zu verteidigen. Wenn über jemand Räuber herfallen, mit der Absicht, ihn zu töten und zu plündern, so hat er nach dem Gesetze das Recht, zu schießen. ... Nur wir, die Juden, dürfen es nicht: sie würden uns dann als Aufrührer richten!

BERESIN. Ich hab' nicht von dem Rechte, sondern von der Zweckmäßigkeit der Handlungsweise gesprochen.

LIJA. Nachmann! Gibt es denn viele solche wie Sie? Gehen Sie einmal in die jüdischen Viertel und sehen Sie zu, ob diese Leute fähig sind, sich zu verteidigen!

NACHMANN. Ich kenne diese Viertel ... ich kenne sie sehr gut! ... Ich habe sie nicht bloß aufgesucht, ich hab' d'rin gelebt!

LIJA. Die armen Juden werden sich nicht verteidigen. Sie können nur stöhnen und sterben vor Angst.

BERESIN. Das sag' ich auch. Wenn wir prinzipiell sprechen, müssen wir von der Waagschale alle persönlichen Empfindungen, Gefühlsausbrüche und Augenblicksstimmungen wegtun. Wir müssen die Sache vom Standpunkte der größtmöglichen Produktivität der Kräfte und Handlungen betrachten.

NACHMANN. Sie sind sehr kaltblütig. Das will sagen: Sie wird man nicht prügeln.

BERESIN. Nein! so ist's unmöglich zu reden! Der eine spricht vom Hans, der andere vom Peter! ...
(geht auf Lija zu, spricht leise mit ihr; dann verabschiedet er sich stumm von beiden und geht.)

LIJA *(Beresin nachrufend).* Ich werde warten!

BERESIN. Gut! *(Geht durch den Laden.)*

MASCHA *(in der Tür).*
Sie haben den Samovar vergessen, gnädiges Fräulein!

LIJA. Wollen Sie Tee? Gehn wir, bitte!

NACHMANN. Danke! *(Folgt Lija in die hinteren Zimmer.)*

SRUL *(guckt in das Ladenfenster)*. Wollen Sie nicht erfahren, was Neues auf der Welt geschieht?

SCHLOIME. Natürlich will ich! Kommen Sie nur herein! *(Srul tritt in die Tür.)* Gibt es was Neues?

SRUL. Ei freilich! Die Welt ist doch groß, und jeden Augenblick geschieht was, bald da, bald dort ... was Interessantes, Besonderes.

SCHLOIME. Gibt es was von der Judenverfolgung?

SRUL. Gott sei Dank, nichts! Oder bangen Sie sich schon, weil sie Sie lange nicht geprügelt haben?

SCHLOIME. Da wird gesagt, dass sie in Bessarabien auf die Juden losgehen wollen.

SRUL. Lass sie nur „wollen"! Sie haben uns viel geprügelt. Immer wollen sie uns prügeln. Und dennoch — leben wir! — Warum fürchten Sie sich denn so?

SCHLOIME. Und Sie fürchten sich nicht?

SRUL. Ich fürcht' mich nicht!

SCHLOIME.
Was? Werden Sie sich ein Kreuz um den Hals hängen?

SRUL. Warum gerad' ein Kreuz?! Als sie vor zehn Jahren hier auf die Juden losgeschlagen haben, hab' ich eine Beamtenmütze mit einer Kokarde aufgesetzt und bin auf der Straße herumspaziert und niemand hat mich nur mit einem Finger angerührt. Die Mütze hab' ich noch bei mir zu Haus. *(Schloime lacht.)* Wo ist denn der Herr Frenkel? Ich hab' eine Angelegenheit mit ihm.

SCHLOIME. Herr Frenkel ist nicht zu Haus. ... Er ist bös auf Sie!

SRUL. Eijei! ich bin so müde. Darf ich mich ein bisschen ausruhn? *(Setzt sich auf den Schemel.)*

SCHLOIME. Was gibt es denn Schönes in der Zeitung?

SRUL. Sehr viel Schönes. Eine Nummer kostet nur fünf Kopeken, und für dies Geld können Sie alles erfahren, was auf der Welt gescheh'n ist. ... Jeder Mensch muss wissen, was sich auf der Welt begibt. ... Nehmen Sie eine Zeitung!

SCHLOIME. Ich bin Ihnen noch was schuldig ... und heute hab' ich gar kein Geld.

SRUL. Schad't nichts. Sie können mir schuldig bleiben (steckt ihm eine Zeitung in die Hand). Jetzt sind Sie mir also fünfzehn Kopeken schuldig, für drei Nummern. ... Sie haben gesagt, dass der Herr Frenkel bös ist auf mich. Weshalb kann er denn bös auf mich sein?

SCHLOIME.
Weil Sie uns unser Dienstmädchen abspenstig machen.

SRUL. Ich? Gott bewahr'! Wozu soll ich sie denn abspenstig machen? Auch eine Köchin sucht, wo sie es besser hat. Ihre Köchin sucht, und die Köchin von Ihrem Nachbar sucht; da will ich der Köchin vom Nachbar die Stelle bei Ihnen geben, und Ihrer Köchin die Stelle beim Nachbar. Ich will doch ein bisschen verdienen. Ist es Ihnen denn nicht gleich?

SCHLOIME. Das weiß ich nicht; aber Reb Leiser ist sehr böse auf Sie und will bei Ihnen keine Zeitung mehr kaufen.

SRUL. Warum ist er denn auf die Zeitung bös? Auf mich lass ihn bös' sein. Srul will auch ein bisschen was verdienen! Srul hat auch eine Frau und Kinderchen zu ernähren. Ich hab' fünf Kinderchen, und bald wird mir Gott noch eins schenken. Wenn ich für jedes an einem Tage zwei Häringe, ein Stückchen Brot und ein bisschen Milch gebe, hab' ich schon mehr als 'n halben Rubel für sie nötig. Wo soll ich das denn hernehmen? Ich bezahl' für die Wohnung allein schon vier Rubel; dann muss man Holz, Stiefel, Hosen haben … alles muss man haben! Ihnen aber kann es doch gleich sein, wie Ihr Mädchen heißt, Dascha oder Mascha!

SCHLOIME.
Haben Sie das Geschäft mit dem Selterswasser schon aufgegeben? Jetzt ist es heiß, Sie könnten daran was verdienen!

SRUL. Was nützt es, dass es heiß ist! Das ist rein gar nichts. Wenn unsre Straße in die Hölle selbst reinführt, du verkaufst doch nicht mehr wie für zwanzig Kopeken den ganzen Tag, und da verdienst du bloß zehn Kopeken dran. Die Herrschaften trinken nicht, weil es bei uns zu schmutzig ist für sie, und die gewöhnlichen Leut' wollen umsonst trinken. … Die brauchen kein Mineralwasser. … Und dann trinkt unser Schutzmann auch zu viel umsonst. Er denkt, dass für mich das Wasser aus der Erde kommt und nichts kostet.

SCHLOIME.
Ihre Frau, die könnte mit dem Wasser handeln! Leistet sie was?

SRUL. Sie hat mir fünf Kinder geleistet, und sie haben sie so ausgesogen, dass sie geworden ist wie ein Span. … Jetzt ist sie ganz krank. … Früher hat sie Hülsen für Cigaretten gemacht und hat auch ein bisschen was verdient, 15 Kopeken den Tag. … Jetzt muss sie bald niederkommen.

SCHLOIME. Und wie geht der Zeitungshandel?

SRUL. Faul! Während dem Dreyfus-Prozess ist er gut gegangen; ich bin beinah' reich geworden! … Auch als die Buren mit dem Engländer Krieg geführt haben, hab' ich es gut gehabt. Jetzt aber

54

ist die Geschichte mit Dreyfus aus und Krieg will auch Keiner führen. … *(Pause.)* Im Herbst werd' ich wieder Makler; ich werd' den Leuten Wohnungen besorgen. Die Menschen ziehn ja gern immer von einem Haus ins andre; die Menschen denken, in einer neuen Wohnung da können sie ein neues Leben anfangen. … Ich hab' schon drei Beamte und einen Oberst, die alle Jahr' umziehen.

SCHLOIME. Verdient man da viel?

SRUL. Der Hauswirt gibt ein oder zwei Rubel, und der Mieter gibt auch. … Voriges Jahr hat der Oberst vier Rubel gegeben! … Ich hab' ihm eine sehr schöne Wohnung besorgt. … Was ist aber viel an einer Zeitung zu verdienen? Jetzt verkauf' ich fünfundzwanzig, höchstens dreißig Nummern und verdien' dran einen Kopeken oder zwei. … Und dafür musst du den ganzen Tag rumlaufen. Brauchst Stiefel, und auf den Abend zu bekommst du soviel Hunger, dass du alles auffressen möchtest, was du verdient hast … und vergisst dabei ganz, dass du zu Hause Frau und Kinder und noch eine alte Mutter hast. …

(Erhebt sich.) Es ist ein schweres Leben! … Also Sie sind mir fünfzehn Kopeken schuldig.

SCHLOIME. Freitag früh werd' ich es Ihnen bezahlen.

SRUL. Pressiert nicht. Lassen Sie sich's gut geh'n!

SCHLOIME. Danke!

SRUL *(in der Tür)*. Ich wünsch' Ihnen, dass Sie reich werden wie Rotschild! Dann werden Sie mir sechs und nicht fünf Kopeken für eine Nummer bezahlen. … Reiche Leute sind die besten Leute. *(Geht ab. Schloime liest die Zeitung. Aus dem hintern Zimmer kommt Lija; ihr folgt Nachmann.)*

NACHMANN. Finden Sie auch, dass ich ein Schwärmer bin?

LIJA. Ja! ein guter Schwärmer.

NACHMANN. Meinetwegen! Es ist gut, wenn einer noch für etwas schwärmen kann. Es gibt viele Menschen, die für nichts mehr schwärmen, und die sind die ärmsten. ... Auch Sie, Lija, haben einmal mit mir geschwärmt!
(Pause. Man hört, wie an den Laden eine Kutsche herangefahren kommt. In den Laden tritt Aaron Frenkel, der vom Zuge kommt, mit einem Bündel, einem Handkorb und einem Regenschirm in der Hand.)

AARON. Guten Tag, Schloime! Mein Bruder zu Hause?

SCHLOIME *(macht Verbeugungen, hilft Aaron die Sachen ablegen)*. Sie sind fortgegangen; sie kommen gleich zurück. Wollen Sie vielleicht in die Stube gehen? Da ist Lija Lasarewna!

LIJA *(zu Nachmann)*. Das war — und ist vorüber! ... Ja, ich hab' auch einmal an dieses Märchen geglaubt!

AARON *(zu Schloime)*. Du sagst Lija? Ist sie denn schon da?

SCHLOIME. Sie sind schon gekommen; auch Boris Lasarewitsch ist gekommen,

NACHMANN *(nachdenklich)*. Märchen? Ja. ... Vielleicht ist alles Schöne im Leben nur ein Märchen.

AARON *(zieht den langen faltigen Rock aus und hängt ihn an einen Haken)*. Sind sie denn mit ihren Studien schon fertig?

SCHLOIME. Ich weiß nicht. ... Sie haben da so eine unangenehme Geschichte gehabt; sie werden nicht mehr studieren fahren.

AARON. Eijeijei! Das wird ein schöner Kummer für den Bruder gewesen sein! Wie konnten sie das bloß machen! ....
(Geht in den Saal.)

LIJA *(Aaron erblickend)*. Onkel! *(geht ihm entgegen.)*

AARON. Ja, das bin ich! Grüß dich Gott!
(Küsst Lija auf die Wange, begrüßt Nachmann, der sich ihm vorstellt.)
Du und Boruch, ihr seid wie die Zugvögel! Im Frühling kommt ihr nach Haus geflogen, und im Herbst fliegt ihr wieder fort. Warum seid ihr denn so früh gekommen? ...

LIJA. Ein Unglück ist passiert, Onkel! Sie haben Boruch und mich wegen der Unruhen relegiert.

AARON. Eijeijei! Wozu habt ihr denn Unruhen gemacht? Und auch dich haben sie relegiert, Lija?

LIJA. Ja!

AARON. Hast auch du Rebellion gemacht? Du warst doch solch ein stilles Mädchen?

LIJA *(lächelnd)*. Ich bin auch jetzt still.

AARON. Du solltest lieber heiraten! Dann wirst du Kinder haben und deine eigenen Rebellen. ... Na, was lachst du? ... Du bist ein großes, hübsches Mädchen geworden, sodass du ganz gewiss bald heiraten wirst. *(Schaut prüfend Nachmann nach.)* Du hast gewiss schon einen Bräutigam!

LIJA. Aber ich bitt' Sie Onkel! — Sagen Sie mir lieber, wie's der Tante Chane geht! Und was machen die Kinder? .... Ich hab' die Tante schon lange nicht gesehen!

AARON. Was sollen sie machen? Die Kinder wachsen, und Chane ist immer kränklich! Auch ich seh' schon in mein Grab! Der Rücken, die Beine tun mir weh ... wahrscheinlich werd' ich bald sterben!

LIJA. Aber wo denken Sie hin, Onkel? Warum denn gleich sterben!

AARON. Ich weiß auch selbst nicht, warum die Menschen eigentlich sterben. Besser wär', wenn sie gar nicht geboren wären. Wenn aber Chane oder ich jetzt sterben müssten, so würd' es für uns gar kein Grab geben!

LIJA *(erstaunt)*. Ich versteh' Sie nicht, Onkel! ... Sie scherzen!

AARON. Wieso scherzen? Das Leben ist schlimm — das Sterben ist noch schlimmer. Du musst doch wissen, dass wir nur im Ansiedelungs-Rayon leben dürfen; du bist doch auch Jüdin!

LIJA. Das weiß ich.

AARON. Das Ansiedelungsgebiet ist groß; aber jede Stadt und jedes Städtchen hat dann wieder extra seinen Ansiedelungs-Rayon .... *(Er beschreibt in der Luft mit dem kleinen Finger einen großen Kreis, und darin noch einige kleinere Kreise.)*

NACHMANN.
Also immer zweifach abgezäunter Ansiedelungs-Rayon!

AARON. Ja eben! Und die Juden, sie sind ja arm, aber, Gott sei Dank! sie haben sehr viel Kinder. Da wurde uns unser Vorstädtchen zu eng und der Friedhof wuchs in die Stadt hinein. Nun ist's auch auf dem Friedhof so eng geworden wie im Orte. Du bist lang' nicht zu Haus gewesen und weißt nicht, wie wir leben! ... Du hast uns ja vergessen!

NACHMANN *(traurig)*. Das ist wahr.

AARON. Wir haben beschlossen, einen Platz außerhalb der Stadt zu kaufen. Aber die Obrigkeit hat ihre Genehmigung dazu nicht erteilt, weil dieser Platz über den Ansiedelungs-Rayon hinausgeht. Kann denn aber ein toter Jude zu der Bevölkerung gerechnet werden?

LI JA. Wer hat denn so das Gesetz ausgelegt? [10]

AARON. Wer? Das ist doch klar: die Obrigkeit!

NACHMANN *(gallig)*. Im Gesetz ist nicht gesagt: soll's ein lebendiger Jude sein oder ein toter!

AARON. Wir haben uns ein ganzes Jahr lang herumgestritten. Wir haben einen eigenen Rechtsanwalt gehabt. Jetzt hat das Ministerium die Genehmigung erteilt, den Platz zu kaufen und dort die Toten zu bestatten; aber ein neues Hindernis ist da: beim Friedhof muss ein Wächter sein! Der Wächter aber ist ein Jude und darf außerhalb des Ansiedelungs-Rayons nicht leben!

NACHMANN *(steht auf, verabschiedet sich und sagt zu Aaron)*. Es bleibt Ihnen nur ein Ausweg: Nehmen Sie sich einen Toten zum Wächter!

AARON *(auf den Scherz von Nachmann eingehend)*. Wir haben aber schon einen Wächter! Und zwar einen lebendigen. Einen ganz lebendigen Juden! ... Leben Sie wohl! ... Es war mir sehr angenehm, Sie kennen zu lernen! *(Nachmann ab.)*

LIJA *(voll Erstaunen)*. Wie soll denn das ausgehen?

AARON. Darum bin ich eben hergekommen, um hier bei der Obrigkeit zu erfahren, was wir tun sollen. Auf dem alten Friedhof lässt die Sanitätsbehörde die Toten nicht mehr begraben, und für den neuen erlaubt der Isprawnik[11] nicht, einen Wächter anzustellen.

---

[10] Dieser Vorfall ist dem wirklichen Leben im nordwestlichen Russland entnommen.

[11] Polizeichef

… Die Juden aber können nicht warten, und einer von ihnen war so frei und starb! … *(Pause)*. Hast du nicht Lust, dem Onkel Tee und was zum Essen zu geben?

LIJA *(sich aufrüttelnd)*. Ach verzeihn Sie, Onkel! *(springt auf.)* So eine bin ich! Ich bin aber gut! … Ich bin ganz zerstreut! Sofort! *(Läuft behende nach den hinteren Zimmern. Mascha kommt hereingestürzt, deckt im Saal den Tisch. In den Laden kommt Leiser; Schloime teilt ihm hastig die Ankunft Aarons mit, Leiser geht in den Saal.)*

LEISER *(eintretend)*. Bruder Aaron! wann bist Du denn gekommen? *(Begrüßen sich.)*

AARON. Mit dem Abendzug!

LEISER. Wo ist denn Lija? — Lija! Lija! Wo hast du dich versteckt?

LI JA *(erscheint in der Tür)*. Was gibt es?
Ich muss den Teetisch richten! *(Verschwindet wieder.)*

LEISER. Das ist gescheit! — Wir wollen etwas trinken und essen. Setz' dich, Bruder!

AARON. Ich seh' Lija an und muss immer denken: wie ähnlich sieht sie der Mutter, als sie jung war! — Sie ist so groß geworden … sie sollte doch heiraten. … Gewiss hat schon jemand einen Schadchen [12] geschickt?

LEISER. Jetzt, Bruder, ist ganz andere Mode! … Jetzt braucht man keinen Schadchen! … Jetzt braucht sogar der Vater nichts zu wissen! Jetzt wollen sie nicht mehr uns, die Alten, um Rat fragen. …

---

[12] Heiratsvermittler

(Mascha bringt den Samovar und reicht Fisch auf einem Teller.)
Nun, Bruder, wie geht's mit dem Geschäft?

AARON. Was kann's denn bei uns für Geschäfte geben? Alle wollen sie die Waren auf Kredit haben, und wenn sie ihr Gehalt bekommen, so verstecken sie sich. Jeden Zwanzigsten lauf' ich herum und bemüh' mich, die Beamten abzufangen, wenn sie vom Dienst kommen. Nur einen Tag im Monat haben sie Geld in der Hand; aber sie wissen es schon und suchen mir aus dem Wege zu gehn! Es ist sehr schlimm! Gott sei Dank! etwas hab' ich an den Eisenbahnschwellen verdient!

LEISER. Verkauft auch bei euch der Ingenieur Schwellen?

AARON. Natürlich! — Ich hab' fünfhundert Schwellen und etwas Holz gekauft. Hernach hab' ich sie dem Saker überlassen. Saker hat einen Kommis, der kauft überall diese Schwellen auf und verkauft sie dann wieder an den Staat!

LEISER. Was zahlt Saker?

AARON. Wir haben zwanzig Kopeken von jeder Schwelle!

LEISER. Das ist sehr wenig.

AARON. Aber Saker muss von jeder Partie der Behörde zwanzig Prozent geben. … Und immer muss er den Beamten Geld leihen, wenn sie haben wollen. Und ihnen leihen ist so gut, wie ihnen schenken.
(Im Laden läutet's; ein Herr im Pelerinen-Mantel tritt ein. Schloime läuft auf den Gewölbebogen zu, in den Saal.)

SCHLOIME. Reb Leiser! ein Kunde!
(Kehrt zu seinem Platz zurück.)
Der Herr wird gleich kommen! — Bitte den Herrn, Platz zu nehmen! *(Bietet einen Stuhl an. Leiser tritt in den Laden.)*

61

LEISER *(grüßend)*. Was ist dem Herrn gefällig?

DER HERR. Ich möchte die Uhr reguliert haben!

LEISER. Gestatten Sie, dass ich die Uhr sehe!

DER HERR *(zieht die Uhr aus der Tasche)*.
Nummer 78604! Eine goldene Uhr, mit fünfzehn Steinen!
(Hält die Uhr ans Ohr).
Vom alten Moser! — Ich fürchte mich, sie aus der Hand zu geben!

LEISER. Vielleicht meint der Herr, dass nach dem Reparieren die Uhr vierzehn und nicht mehr fünfzehn Steine haben wird!?

DER HERR. Das kommt vor.
(Löst die Uhr von der Kette und überreicht sie Leiser.)
Sie ist vom alten Moser! *(Setzt sich. Leiser setzt sich an den Tisch, untersucht den Mechanismus der Uhr.)*

LEISER. Ja, sie ist wirklich vom alten Moser ... und zwar vom sehr alten! Sie muss gehörig geputzt werden. Was die Steine betrifft, so braucht der Herr sich nicht zu beunruhigen: einen neuen Stein einsetzen kostet sehr viel Mühe und Zeit! Das lohnt sich gar nicht. Wenn auch nicht jeder Meister ehrlich arbeitet, so versteht doch jeder seinen Vorteil. ... Es muss eine ganz neue Feder hineinkommen. Die Feder, Herr, ist bei der Uhr, was beim Menschen das Herz ist. ... *(Gibt ihm die Uhr zurück.)*
Es ist eine sehr gute Uhr.

DER HERR. Ein Chronometer! — Können Sie es nicht in meiner Anwesenheit fertig machen?

LEISER. Der Herr fürchtet sich ... ja! Wenn der Herr hier übernachten will, so kann ich es in seiner Anwesenheit machen. ... Nur zweimal übernachten!

DER HERR *(steckt die Uhr in die Tasche)*.

Dann komm' ich morgen. *(Ab)*.

SCHLOIME *(springt nach der Tür zu)*. Warum gehn Sie fort, mein Herr? — Was? *(Pause.)* Was schadet's denn, dass wir Juden sind! Verstehn denn die Juden ihre Sache schlechter als die Andern? Mein Herr! *(springt auf die Straße hinaus.)* Mein Herr! — *(Kehrt in den Laden zurück.)* Sie sind schon fort!

AARON *(geht zum Gewölbebogen)*.
Habt ihr kein Geschäft gemacht?

LEISER *(macht eine Handbewegung)*. Wenn dieser Herr ein Uhrmacher war', würd' er ganz gewiss ein Betrüger sein.
(Alle drei lachen. Draussen hört man Schreien und Lärmen. Es wird dort jemand geschlagen. Leiser und Schloime springen von ihren Plätzen auf und sehn unruhig durchs Fenster. Leiser fährt mit den Händen durch die Luft.)

LEISER. Was tut ihr denn? Warum schlagt ihr Einen, der schon am Boden liegt? *(Schloime läuft auf die Straße hinaus.)* Schloime! sie werden dich schlagen!

AARON *(unruhig)*. Was ist dort geschehn?
(Der Lärm nimmt zu. Leiser will auf die Straße geh'n, aber in diesem Augenblick kommt Schloime, der auch misshandelt worden ist, voll Angst hereingestürzt, wirft die Tür heftig hinter sich zu und verschliesst sie. Man hört eine brutale Stimme hinter der Tür):

„Zu wenig werdet ihr geprügelt, ihr verdammten … !"

(Dann zersplittern die Scheiben durch einen von der Straße aus geschleuderten Stein. Aaron versteckt sich in einer Ecke am Gewölbebogen. Aus den hintern Zimmern kommt Lija voll Angst hereingestürzt, bleibt am Gewölbebogen steh'n.)

LIJA *(entsetzt)*. Was ist geschehn? Was gibt's, Vater?

MASCHA *(läuft in den Saal herein)*. Mein Gott! jetzt fangen sie an, die Juden totzuschlagen! *(Weinerlich.)*

Ach Gott! ach Gott! zu meinen Unglück bin ich dageblieben! *(Rennt im Zimmer hin und her und verschwindet.)*

LEISER *(Lija beruhigend)*.

Nichts — fürcht' dich nicht! Sie haben nur gerauft! es ist nichts!

(Ein zweiter Stein fliegt in die Glasscheibe in der Tür. während eine rohe Stimme schreit:)

„Wartet nur! ihr Christusverfolger! Wir wollen euch ein Fest anrichten, ihr Verfluchten!" ——

(Schloime duckt sich voll Angst zu Boden. Lija bleibt ein paar Augenblicke stumm, wie erstarrt stehen; dann reißt sie aus der Tasche ihr Tuch, bedeckt sich damit das Gesicht und mit hysterischer Stimme aufschreiend:)

„Wofür? wofür?"

(stürzt sie nach den hintern Zimmern, während draußen vor der Ladentür die Menge lärmt und in diesem Lärm immer dieselbe rohe Stimme sich vernehmen lässt:)

„Juden raus!" „Schlagt sie tot, die Verfluchten!"

(Vorhang.)

Dritter Aufzug

Dieselbe Dekoration. Schloime arbeitet im Laden. Nachmann und Lija sitzen im Saal in einiger Entfernung von einander. Morgenzeit.

NACHMANN. Überhaupt haben Sie sich sehr stark verändert während der zwei Jahre, die wir uns nicht gesehen haben. … In der Zeit, die Sie in der Residenz verlebten, haben Sie uns, die Provinzler, vergessen. Wie schnell vergisst doch der Mensch! . . . .

LIJA. Das ist wahr! In diesen zwei Jahren hab' ich vergessen, dass ich eine Jüdin bin! Ich hatte so viel gute Menschen um mich her, Nachmann, denen es gleich galt, ob ich eine Jüdin bin oder keine. . Das Leben floss voll und reich dahin, und ich, Dürstende, trank mit vollen Zügen. … Als ich hierher fuhr und auf dem staubigen Wege wieder einen Juden in seiner Tracht erblickte, fuhr ich zusammen.

NACHMANN. Also doch!

LIJA. Er ging in Pantoffeln, weißen Strümpfen und einem langen Rock … gebückt, hager, mit einem großen, silberweißen Bart. … Ich sah ihn an und mir war es plötzlich, als sähe ich ein altes halbzerfallenes Haus, verödet und verlassen, vor mir, in dem ich einst vor langer, langer Zeit, als Kind, gelebt habe. … Ist es Ihnen auch weh um die Plätze, an denen Sie als Kind gewesen sind?

NACHMANN. Ob es mir weh ist? … Ich habe gar keine Kindheit gekannt, Lija … hab' keine gehabt! Meine Kindheit war nichts als Schläge, Hunger, Tränen. … Ich bin früh verwaist. … Und dann … was war dann? Bis zu meinem fünfundzwanzigsten Jahre wusste ich nicht, was Jugend ist. Ich habe das ganze Leben lang gelernt; ich habe nicht mit den Menschen gelebt … ich hab' mit und in den

Büchern gelebt ... für die Bücher. ... Meine Menschen waren die großen Toten; mitten unter ihren Gräbern da lebte ich. ... Ich verstand nicht zu lachen und wusste nicht, was Freude ist! ... die Andern haben Sonne, Lied und Liebe genossen, ich aber hab' meine ganze Jugend in die Bücher versenkt. ... Spät trat ich aus der Dämmerung der Gräber in das Tageslicht und begriff, dass es Zeit sei, von den Trümmern der Vergangenheit aufzustehen ... den Lebendigen zu leben, und nicht den Toten! ... Ich hab' es Ihnen schon erzählt, Lija, wie das alles kam. ...

LIJA *(wehmütig)*. Ja! ... *(Pause.)*

NACHMANN. Lija! Worüber sinnen Sie?   *(Pause.)*
Ich wollte schon ein paarmal unter vier Augen mit Ihnen sprechen und könnt' den Mut nicht finden ... verschob es immer. ... Nun kann ich das nicht länger mehr. ... Hören Sie mich?

LIJA *(leise)*. Ja! — sprechen Sie!

NACHMANN. Ich fühle und ... sehe, dass in unsern Beziehungen während dieser zwei Jahre eine Veränderung eingetreten ist. ... Es ist das Teuerste entschwunden ... für mich. ... Das ist unerträglich schwer! Ich schlafe die Nächte nicht und denke immer wieder ... an Sie und an das, was geschehen ist. ... Ich will die Wahrheit wissen! *(Pause.)* Lija!

LIJA *(verwirrt, mit bebender Stimme)*. Was geschehen ist? ... Ja! ... ja! ich will es Ihnen schreiben. ... Ich werde es Ihnen nicht sagen können. ... Ich fürchte, dass ich nicht das sagen werde, was ich sagen muss ... oder dass ich nicht alles sage. Ich muss Ihnen alles sagen; wenn aber Einer will, dass die Worte alles so ausdrücken, wie er's fühlt, so entfliehen sie ihm irgendwo hin!

NACHMANN *(dumpf)*. Ich habe schon begriffen. ... Nun also! ... vielleicht ist es besser, dass Nachmann persönliches Glück nicht

66

kennen wird. ... Die Glücklichen vergessen allzuschnell die Unglücklichen! ... Vielleicht ist das Schönste im Leben ... nur ein Märchen! *(Pause.)*

LIJA. Sie denken gewiss an jenen Abend, wo wir beide am Flusse saßen? Und ... es kommt Ihnen wohl sonderbar vor? Sie denken, dass ich damals unaufrichtig mit Ihnen war ... ja!

NACHMANN. Nein, das denke ich nicht. ... Es war, und ist vorüber. ... Das war ein Märchen. ... Das Märchen meines Lebens!

LIJA. Ich habe damals Ihr Gefühl und das meinige zu leicht genommen. ... Ich war damals noch ganz jung ... ich hab's nicht verstanden, was das für ein Gefühl war. Sie müssen mir verzeihen.

NACHMANN. Tut nichts, Lija. Ich hab' viele Stöße vom Leben und von den Menschen bekommen ... und einer mehr hat nicht viel zu sagen. ... Ich werd's ertragen! ...

LIJA. Warum sprechen Sie so? wollen Sie, dass es mir noch mehr weh tut? Aber mir ist es ... auch schon so ... sehr schwer!

NACHMANN. Nein, Lija! Ich will nur sagen, dass der Jude alles fest, ohne Tränen ertragen muss! ... Die Tränen muss man sparen. Sie reichen nie dem Menschen fürs ganze Leben. Und wenn dieser Mensch noch dazu Jude ist, so muss er noch mehr mit den Tränen sparen....Eine Sonne ist dem Nachmann entschwunden! aber er hat noch eine andere: Ich liebe mein Volk und werde für mein Volk leben und wirken! ... Ich werde nach Palästina gehen, und alles wird vorübergehn! ... Alles geht im Leben vorüber ... auch das Leben selbst geht vorüber.

LIJA. Sehn Sie, Nachmann, wie das gekommen ist! ... Bevor ich Sie kannte, war ich wie blind ... ich bin Ihnen sehr dankbar, Sie haben mich erhoben. ... Ich ... da find' ich nun wieder die Worte nicht und weiß nicht zu sagen, was ich will! ...

NACHMANN. Ich verstehe.

LIJA. Wenn die Erwachsenen möchten, dass ein Kind weiter sehen soll, dann heben sie es in die Höhe. ... So haben Sie mich in die Höhe gehoben. Ich sah Sie als meinen Meister an, der mir den breiten Horizont des Lebens eröffnete. ... Und ich sah mit Ehrfurcht zu Ihnen auf. Dieses Gefühl der Dankbarkeit hielt ich ... für ein anderes!

NACHMANN. Und jetzt scheint Lija mein Horizont zu klein. Ja! ich bin ein kleiner Mensch und kann nicht hoch heben ... ich habe zu wenig Kraft dazu. ... Ich liebe mein Volk und will für mein Volk arbeiten, das ist alles! Wer wird dafür einen Stein auf mich werfen? Jeder hat das Recht, sein Volk zu lieben. ... Dieses Recht kann man sogar dem Juden nicht nehmen! Der Liebe für die ganze Menschheit bin ich nicht gewachsen! ... Ich habe sehr wenig gelebt, gesehen, hab wenig Kenntnisse ... ich entsinne mich nur, wie man mich von allen Seiten gestoßen hat! ... es ist so schwer, bei so einer Kindheit und Jugend diese ... Menschheit liebzugewinnen. ... Aber ich liebe, ich liebe stark mein Volk! Denn mein Schicksal ist im Schicksal meines Volkes, und das Schicksal meines Volkes ist in mir. ... Für Sie ist das zu wenig ... und ich sehe selbst, dass Sie fortgehen, Lija ... zu — ihnen! ...
(Geht auf Lija zu und setzt sich neben ihr nieder.)

LIJA. Ich gehe auf das Licht zu, das ich sehe!   *(Pause.)*

NACHMANN. Vielleicht wird Lija einmal sehen, dass Nachmann nicht so ganz im Unrecht war. ... Vielleicht wird Lija dermaleinst zu ihrem Volke zurückkehren? ...

LIJA. Ich habe nicht auf gehört, mein Volk zu lieben. ...

NACHMANN *(ganz leise)*. Vielleicht liebt Lija Nachmann noch ein wenig ... auch das wäre ihm genug. ... Wenn er nur noch eine

Spur von Hoffnung behält!

LIJA *(nach einigem Schwanken)*.
N – n – nein! … erwarten Sie nichts!

NACHMANN *(dumpf)*. Vielleicht liebt Lija … einen Andern?

LIJA *(mit gesenktem Haupt)*. Ja!

NACHMANN. Nun — dann. … Also — was tun! … mein Märchen ist zu Ende. … Alles muss man erfahren, erleben. Auch ich hab' mein Märchen von Liebe und Glück gehabt … und bin Ihnen dafür dankbar. … *(Küsst Lija die Hand.)* Das ist zum letztenmal. *(Eine lange drückende Pause. Lija stützt mit beiden Händen den tiefgesenkten Kopf. Nachmann erhebt sich.)*
Nun! Ich muss gehn.

LIJA *(reicht ihm, ohne den Kopf zu erheben, die Hand)*.
Wir bleiben doch Freunde, Nachmann, nicht wahr?

NACHMANN. Ja, Freunde. *(Geht leise durch den Laden fort. Lija zieht das Tuch aus der Tasche und wischt die Tränen ab. Nachmann entgegen kommt Boruch mit einem Buche in der Hand.)*

BORUCH *(Nachmann grüssend)*. Warum sind Sie denn so traurig?

NACHMANN. Es gibt keine Freude, es gibt nur Traurigkeit, Boris Lasarewitsch! — Und Sie immer mit Büchern? … Das ist gewiss kein Talmud!

BORUCH. Das ist Marx. Auch ein Talmud, in seiner Art. Haben Sie's gelesen?

NACHMANN. Nein. Will auch nicht.

BORUCH. Schade. Das ist nützlicher als der Talmud. Marx war auch Jude.

NACHMANN. Was hat er denn für uns beide getan?

BORUCH. Viel! Für Sie und für uns.

NACHMANN. Kommen Sie vielleicht am Sonnabend zu uns zur Versammlung, um zu hören, was wir denken und tun, wir — die zurückgebliebenen Juden?

BORUCH. Nein! Ich war bei den Zionisten. Ich kenne sie.

NACHMANN. Nun also! Jeder muss den Weg gehn, den er für den richtigen hält. … Adieu! Auf Wiedersehn, Schloime!

SCHLOIME.
Auf Wiedersehn, Reb Nachmann! Lassen Sie sich's gut gehen! … *(Nachmann geht ab; Boruch geht durch den Saal nach seinem Zimmer. Lija bleibt auf demselben Stuhl sitzen, traurig, regungslos. Leiser kommt von der Hintertreppe in den Saal, bemerkt die dasitzende Lija, geht zweimal auf und ab, an ihr vorbei.)*

LEISER *(bleibt vor Lija stehn)*.
Und was hat dich denn zum Weinen gebracht? — Warum willst du es dem Vater nicht sagen und schweigst, wenn ich in dein Herz sehen will? Du meinst wohl, dass ich dich jetzt deshalb weniger liebe, weil du auf mich, den Alten, nicht hörst?
(Pause. Leiser tritt näher heran, legt seine Hand auf Lijas Schulter.)
Ich bin dir ja etwas böse, aber ich lieb' dich nach wie vor. Was hast du denn? Worüber grübelst du … und willst es mir nicht sagen? Lija! Du hast was auf dem Herzen! …

LIJA *(in heftiger Erregung)*.
Ja! ich wollt' schon längst mit dir sprechen, Vater, aber …

LEISER. Ja, das seh' ich. … Es ist schlimm, wenn ein Mädchen keine Mutter hat. Die arme Mutter ist von uns gegangen, und darum hast du niemanden, dem du die Geheimnisse deines Mädchenherzens anvertrauen könntest. … Ach Lija, Lija! wenn ich dich so ansehe, muss ich an unsere Mutter denken! Als sie jung war, war sie auch so schön wie du! ... Auch die Augen hast du von deiner Mutter. ... Nun, was willst du mir sagen, mein liebes Kind!

LIJA. Ich kann nicht!

LEISER.
Vielleicht hat dein Mädchenherz angefangen, zu laut zu klopfen ... wie? Und wer ist denn der Mann, der das verursacht hat? — Warum bist du so blass geworden? Ist es denn so schrecklich?

LIJA. Ich kann dich nicht belügen. Wenn ich dir aber die Wahrheit sage ... wirst du dich sehr kränken.

LEISER *(unruhig)*. Ich hab' dich nie gelehrt, deinen Vater zu belügen. Vielleicht haben sie dich dort, wo du studiert hast, auch das gelehrt? Wie, hast du jemanden liebgewonnen? *(Pause.)* Lija!

LIJA *(kaum hörbar)*. Ja!

LEISER. Ah! Das dacht' ich mir. Nun, was ist da zu machen? Es muss doch sein. ... Freilich kränkt es mich, dass ich nicht wissen soll, wer der Mann ist, der mir mein Kind nehmen will. Aber — Gott segne dich! Wenn er nur ein guter, rechter Jude wäre, und nicht ganz arm ... dass er seine Familie ernähren kann! ... (Pause.) Vielleicht ist es Reb Nachmann?

LIJA. Nein.

LEISER. Vielleicht ist es Dr. Fuhrmann? Er schaut meine Lija immer sehr freundlich an und fragt immer nach ihrem Befinden.

LIJA *(schüttelt verneinend den Kopf)*.

LEISER. Dann weiß ich gar nicht mehr.... Ich bin ganz alt geworden, und meine Augen sehen schon nicht mehr wie früher. Aber er ist doch gewiss ein guter, rechter Jude?

LIJA. Ein guter … rechter, *(Pause)* … aber er ist … kein Jude!

LEISER *(betroffen)*. Kein Jude? Ein Goj? [13] (Pause.) Was schweigst du? — Soll auch das noch wahr sein? Ich hab' schon viel Kummer erlebt. … will denn Gott gar kein Erbarmen mehr mit mir haben? … Nun, was schweigst du? Sprich!

LIJA. Er … ist ein Christ.

LEISER *(fasst mit den Händen an den Kopf).*
Was hast du gesagt? was hast du gesagt?

LIJA. Wäre es dir lieber, dass es Dr. Fuhrmann wär'? Du hast doch selbst gesagt, dass Fuhrmann weder an Gott noch an den Teufel glaubt!

LEISER. Aber er bleibt doch immer ein Jude! Er ist ein sündiger Jude — aber er ist ein Jude! In seinen Adern fließt das Blut unseres Volkes! … Wer ist der Goj? … den du liebst?

LIJA. Er ist ein guter Mensch … er liebt alle Menschen.

LEISER. Alle Menschen? Du meinst, wenn er dich, eine Jüdin, liebgewonnen hat, so liebt er alle Menschen!

LI JA. Es ist nur ein Gott, für alle!

LEISER. Wenn es nur einen Gott für alle gibt, warum muss dann die Jüdin, wenn ein Goj sie liebt, sich taufen lassen? Warum wird nie ein Goj Jude? Wenn es einen Gott nur gibt, warum nennen sie uns dann: „Jüden"?

LIJA. Er tut's nicht!

LEISER. Aber er denkt es!

LIJA. Nein!

---

[13] Nichtjude, abschätzig auch „Volk".

LEISER. Ach, Lija! Wie kamst du nur dazu? Wenn du den Zorn Gottes nicht mehr fürchtest und kein Mitleid mit deinem Vater hast, so hab' doch Mitleid mit dir selber! Das Feuer der Liebe wird erlöschen, erlöschen! Es wird nicht ewig lodern. Und dann wird e r sich erinnern, dass du eine Jüdin bist. … Er wird sich erinnern!

LIJA *(schüttelt verneinend den Kopf)*.

LEISER. Und wenn ihr Kinder haben werdet, so werden sie die Juden „Jüden" nennen, du wirst allein bleiben, eine Fremde in deinem eigenen Hause! …

LIJA *(schüttelt verneinend den Kopf)*.

LEISER. Deine Kinder werden die Juden verspotten, und du wirst dich fürchten, ihnen zu sagen: „Spottet nicht! ich bin auch eine „Jüdin!" — Deine Kinder werden bei ihren Religionsstunden sprechen: „Die verdammten Juden haben unsern Gott getötet!" Und du wirst schweigen. Und dein Mann wird sich schämen, dass er eine Jüdin zur Frau hat, und wird auch schweigen.

LIJA *(mit Tränen)*. Nein! das ist nicht wahr!

LEISER *(mit erhobener Stimme)*. Das ist wahr! Er wird es den Kindern nicht verbieten und sagen: „Flucht den Juden nicht! — denn eure Mutter ist eine Jüdin!" —

LIJA *(nervös weinend)*. Schweig' doch! Das wird nicht sein . . niemals! Der Mann, den ich liebe … nein nein! …

LEISER. Doch! Ach! Du, Lija, Lija! — Wissen sie denn nicht, dass ihr Gott auf Erden ein Jude war?! Und, dass die Mutter ihres Gottes eine Jüdin war?! Und scheuen sich nicht, uns mit Verachtung „Jüden" zu nennen!

LIJA *(unter Thränen)*. Sprich nicht! sei still! — Du kennst diesen Menschen nicht! … Du darfst so nicht sprechen! Er leidet um alle, die unterdrückt und verfolgt sind ... auch um unser Volk leidet er, mit uns! ... Du darfst nicht so sprechen, du darfst nicht!

LEISER *(streng)*. Lija! ich kann dich nicht segnen! Oder ... ist das auch ... überflüssig geworden?   *(mit gesenkter Stimme.)* Jetzt ist alles überflüssig geworden ... alles! ...
(Schüttelt den grauen Kopf, schließt die Augen und lässt sich still weinend auf den Stuhl fallen. Lija kommt von hinten auf ihn zu.)

LIJA *(legt ihre Arme um seinen Hals)*. Vater! Lieber Vater! Wein' doch nicht! Lass doch! Ich hab' dich so lieb ... ich hab' dich sehr lieb! Ich weiß auch noch gar nicht. ... Vielleicht geht alles vorüber und alles ... wird wie früher sein! ... Ich weiß ja selbst nicht, ob ich ihn mehr als dich liebe! Ich weiß nicht. ... Weine nicht! ...
(In den Laden kommt B e r e s i n , geht schnell durch und bleibt am Gewölbebogen stehen.)

LEISER. Lija! Lija! — Ich bin schon alt, ganz alt! Lass mich ohne diese Schande sterben! ... Mir ist schon eine Tochter verloren gegangen ... sie ist nicht mehr da! ... Ich hab' schon viel Kummer, so viel Kummer in meinem Leben gehabt! Töchterchen!
(Umarmt Lija.) Mein liebes ... mein letztes Töchterchen! Wenn du noch ein bisschen Mitleid mit deinem alten Vater hast, dann ... habe Geduld ... und lass mich sterben! ... Wenn ich gestorben bin, dann liebe, wen du willst. Nichts ist gut zu machen! gar nichts!
(Voller Verzweiflung.) Warum hab' ich dich studieren lassen, warum? Sie haben mir dort mein liebes Kind verdorben!
(Erhebt sich und geht kopfschüttelnd in die hintern Zimmer.)

BERESIN. Lija!

LIJA *(hebt den Kopf voll Entsetzen)*.
Du! ... geh' fort! Geh' fort um Gotteswillen! Ich kann dich jetzt nicht sehen. ... Verlass' mich! — Lasst mich allein! allein, allein!

(Läuft hysterisch schluchzend nach den hintern Zimmern. Beresin geht betroffen durch den Laden ab. Boruch tritt aus seinem Zimmer und stürzt den hintern Zimmern zu, woher man noch das hysterische Weinen Lijas hört. Schloime schaut erschreckt in den Saal hinein und schleicht auf den Zehenspitzen zurück auf seinen Platz.)

LEISER *(kommt von den hintern Zimmern und geht, ganz verstört, in den Laden).*

Schloime, Schloime! was sollen wir machen! was soll ich mit ihr anfangen? Fahr' nach dem Dr. Fuhrmann! Schnell! — Ihr ist sehr schlecht!

SCHLOIME. Ich kann ja rasch laufen ... es ist nicht weit!

LEISER. Nimm dir einen Wagen!
(Wirft aus der Tasche zwei Silbermünzen auf den Tisch.)
Ach! — Gott will kein Erbarmen mehr mit mir haben!
(Kehrt zurück.)
Boruch! Boruch! Geh' in den Laden, dort ist niemand da!
(Verschwindet in die hintern Zimmer. Boruch geht durch den Saal in den Laden; da hinein kommt ein Herr. Boruch entschuldigt sich, dass er die Uhr nicht annehmen kann, weil niemand da ist. Dann kommt in den Laden I s e r s o n , furchtbar erregt, hineingestürzt.)

ISERSON. Es hat begonnen! In Kischinew schlagen sie auf die Juden los! ... Eben sind Depeschen gekommen. Heut' abend haben wir Versammlung mit den christlichen Arbeitern! Vielleicht helfen sie uns. ... Kommen Sie heute Abend in den Garten hinter der Schlucht! ... Ich geh' zu Beresin. ... Er bringt Russen mit. Gehn wir zusammen zu ihm!

BORUCH. Wir haben eine Kranke im Haus ... die Schwester. ... Der Arzt muss gleich kommen. Ich komm' schon nach! ...

(Iserson verschwindet hastig, nachdem er Boruch stumm die Hand gedrückt hat.)

LEISER *(tritt in den Laden).*
Nun, Gott sei Dank! Gott sei Dank! Vielleicht geht es vorüber!

BORUCH. Was ist ihr?

LEISER. Sie hat sich beruhigt ... sie lacht schon ... Gott sei Dank! *(Wechselt den Ton.)* Du bist schuld! Du allein!

BORUCH. Woran?

LEISER. Du hast aufgehört, Jude zu sein, und auch deine Schwester verdorben! Sie ist nicht als Jüdin zurückgekehrt. ... Ich seh' schon längst, dass das dein Werk ist! Du hältst Freundschaft mit den Gojim und liebst dein Volk nicht. Nimm dich in Acht! *(Hebt drohend den Finger.)* Gott sieht alles!

BORUCH *(dumpf).* Gut ...
(Geht in den Saal und schreitet grübelnd auf und nieder. In den Laden tritt Fuhrmann, in Zylinder, Handschuhen, eine Zigarre im Mund und einen Spazierstock in der Hand. Hinter ihm Schloime.)

FUHRMANN. Hab' die Ehre, Leiser Mohisewitsch!

LEISER. Guten Tag, Herr Doktor!

FUHRMANN. Was haben wir denn? Macht das Fräulein Tochter wieder Geschichten?

LEISER. Sie hat wieder einen Anfall gehabt. Ich hab' mich sehr erschreckt. Gott sei Dank! jetzt geht's ihr besser. ... Sie lacht ... bald weint sie, bald lacht sie. ... Jetzt geht's schon! Sie sagt, dass ihr nichts weh tut, aber ich sehe, dass sie wie eine Kerze zusammenschmilzt. ... Sie grämt sich.

FUHRMANN *(nimmt Platz).* Das ist nicht gut. Man muss lustig

76

und gesund sein. Sonst ist es sehr schwierig, auf der Weit zu leben. … Sie muss heiraten! Dann geht alles vorüber. … Wollen gleich nachsehn!

LEISER. Es geht nicht, Herr Doktor, dass es alle auf der Welt lustig haben. Damit es Einer gut hat, muss der Andere es schwierig haben. … Da ist nichts zu machen!

FUHRMANN. Aber ich bitt' Sie! Nein, verehrter Leiser Mohisewitsch! Ich verehre Sie aufrichtig als den Patriarchen einer guten jüdischen Familie und wünsche von ganzem Herzen, dass Sie und Ihre liebe Familie immer munter und gesund blieben! … Haben Sie gehört: in Kischinew soll man auf die Juden losgegangen sein!

LEISER *(erschreckt)*. Was Sie sagen, Herr Doktor!

FUHRMANN. Selbst hab' ich's nicht gelesen, aber mir wurde gesagt, dass heute ein Telegramm eingetroffen ist.

LEISER. Vielleicht ist es nicht wahr!

FUHRMANN. Vielleicht! Kischinew ist weit. … So Gott will, bleiben wir sicher und unbehelligt.
(Legt die Zigarre auf den Tisch).
Nun, wie steht es mit dem Fräulein? … Muss nachsehen!

LEISER. Bitte, Herr Doktor! Ochochoch! Ich hab' schon sowieso meine Hetze! … Mir tut das Herz weh, und meiner Lija auch.

FUHRMANN *(begibt sich zu der Kranken; hinter ihm Leiser)*. Das wollen wir sehen! Muss mal schauen!

LEISER. Ach! Noch hat keiner den Spiegel erfunden, den man in die Seele hineintun kann, um hineinzuschaun!

FUHRMANN. Macht nichts. Wir werden sie auch ohne Spiegel sehen, die Seele!

LEISER. Das gebe Gott! — Die Wissenschaft kann jetzt alles. *(Fuhrmann begrüßt im Saal Boruch.)*
Boruch sagt z. B., dass der Mensch gar keine Seele hat, . . . bloß Gedärme!

FUHRMANN. Schon möglich.
(Fuhrmann und Leiser verschwinden in den hintern Zimmern; Boruch folgt ihnen langsam nach.)

SRUL *(steckt den Kopf in den Laden).*
Wollen Sie das Allerneueste wissen? *(Hält eine Zeitung hin.)*

SCHLOIME.
Kommen Sie rein! Ist was von der Judenverfolgung da?

SRUL. Ja. Sehr wenig. … Es ist losgegangen! … Da haben Sie die Zeitung! ich muss mich sputen. Solche Neuigkeiten darf man nicht im Sack behalten. …

SCHLOIME.
Warten Sie noch! lassen Sie uns doch ein bisschen reden!

SRUL. Ich krieg' also von Ihnen fünf Kopeken. Wenn sie uns beide totschlagen, dann rechnen wir im Himmel ab. Nur müssen Sie mir da sechs Kopeken bezahlen, denn ich will wenigstens im Himmel reich sein. *(Ab.)*

SCHLOIME *(liest die Zeitung).* Achachach! Was wird das werden! Es ist gar nicht zum leben mehr ....
(Geht vor der Tür hin und her, beginnt mit vorübergehenden Juden, bald durch's Fenster, bald in der Tür, Gespräche. Jemand liest das Telegramm von der Judenverfolgung vor.)

FUHRMANN *(kommt von der Kranken zurück, ihm nach, Leiser).*
Nichts besonderes! Kommt häufig vor! Heutzutage taugt eine gebildete Frau überhaupt nicht viel. Was aber die intelligenten jüdi-

schen Damen betrifft, so ist es eine ganz unbrauchbare Gesellschaft! … Übrigens gibt es jetzt bei den Juden eine Menge Neurastheniker, sogar unter den Männern. … Auf der letzten Zionistenversammlung, da bekam unser Demagoge Nachmann einen starken hysterischen Anfall. Er lachte und weinte wie eine Frau, und hat damit verschiedene Andere, Männer und Frauen, angesteckt. Kurz und gut: sie saßen da an den Wassern Babylons und weineten! — Haben Sie gehört, was auf der Versammlung vorgefallen ist? *(B o r u c h tritt in den Saal und bleibt beiseite stehen.)*

LEISER. Nein! Was ist denn geschehn?

FUHRMANN. Ein Skandal! — Nachmann hat den Bankier Saker beleidigt, den Vorsitzenden!

LEISER. Eijeijei! Wer wird mit so einem Herrn streiten!

FUHRMANN. Hat Courage! — Er hat Rotschild beschuldigt, dass er mit seiner Einmischung in die Palästina-Frage diese Volksbewegung in ihrem innersten Wesen verdorben, entstellt und in eine simple Philantropie verwandelt hat.

BORUCH *(sich zuwendend)*. Ganz richtig!

FUHRMANN. Dann fiel er über alle unsere Krösusse her, selbstverständlich auch über Saker! Er schleuderte ihnen eine tüchtige Portion Schmutz ins Gesicht! Er warf ihnen vor, dass viele den Juden wegen solcher Rotschilde, Saker und Konsorten für einen Betrüger ansehn!

BORUCH. Ganz richtig!

FUHRMANN. Richtig ist es schon. Das Schlimmste aber ist dabei, dass bei diesen Beschuldigungen nichts Gescheites herauskommt, sehr wahrscheinlich aber ein Schaden. Saker ist beleidigt, — öffentlich beleidigt worden! Er hat die Versammlung verlassen! Das werden wir sicherlich bei unserer Wohltätigkeitspflege noch zu spüren bekommen! ...

LEISER. Unter den Juden ist keine Eintracht. Niemand will nach dem Gesetze leben, das uns Gott gegeben hat, sondern jeder nach seinem Verstande. Was ist aber unser Verstand? Der Dummkopf meint immer, er sei der Klügste auf der Welt.
(Pause.) Es ist also nicht gefährlich, Herr Doktor?

FUHRMANN. Nein! sie wird sich beruhigen. Kleine Schwäche! Eine bedrückte Gemütsverfassung ... sogenannter Jugend-Pessimismus! ... Dieser Pessimismus ist nicht gefährlich: Die Sonne scheint — und in den jungen Kopf kommen wieder die rosigsten Gedanken! — Lija Lasarewna ist noch so jung! ... Das Leben liegt erst vor ihr. Lassen Sie sie nur ein paar Tage im Bett bleiben. Das schadet nicht. Auf alle Fälle will ich ihr etwas Beruhigendes verschreiben. ... *(Setzt sich an den Tisch und schreibt ein Rezept.)*

LEISER. Unsere Jugend jetzt liebt die Fröhlichkeit nicht, Herr Doktor! Sie möcht' lieber weinen, als lachen.

BORUCH. Es gibt nicht viel zum Lachen im Leben.

LEISER. Wenn es keinen Kummer gibt, so macht sie sich einen.
(Mit einem Augenwink nach Boruch hin.)
Da hat er z.B. studiert und studiert, nun ist alles vergebens gewesen! Ich hab' gemeint, wenn ich blind werd' von der Arbeit, dann werd' ich wenigstens eine Stütze haben. ... Und immer hab' ich mich gefreut, dass für mich einmal so glückliche Tage sein werden, dass ich nicht mehr in die Uhren zu sehen brauchen werde. Sie haben aber dort Unruhen gemacht, und nun ist alles verloren. Sie haben weder mit sich noch mit ihren Eltern Mitleid.

FUHRMANN
(lehnt sich behaglich zurück und zündet eine Zigarette an).

Da ist nichts zu machen! Die Jugend ist überall gleich. ... Ihre Fehler wiederholen sich unzählige Mal. ... Das Paradies auf Erden hat immer etwas Verlockendes gehabt. Und für uns Juden ganz besonders! Denn erstens haben die ersten Menschen, wenn auch kurze Zeit, so doch immer im Paradiese gelebt. Zweitens sind wir schon viel zu lange in der Hölle der Menschheitsgeschichte. ... Selbstverständlich kommt nichts dabei heraus, nur ein blind verfehltes Leben und verpfuschte Karriere. Für die Juden gibt es ohnedies nicht viel Karriere. Und dann noch diese ... Unruhen!

LEISER. Eben das sag' ich auch! Genau dasselbe sag' ich ihm immer! Er denkt aber, dass ich ein ganz alter Dummkopf bin! ... Er meint, ein alter Dummkopf ist schlimmer als ein junger Dummkopf! ... Und was hat es genützt? Jetzt sagen sie: die Juden haben das alles gemacht, und nicht die Studenten! Die Juden wollen ein Geschäft dabei machen!

BORUCH. Wer kann das sagen? Dummköpfe können so reden!

LEISER. Und wenn auch Dummköpfe!

FUHRMANN. Wissen Sie, junger Herr, was Taine [14] gesagt hat? „Auf der Welt gibt es mehr Dummköpfe, als Kluge! Und ihr habt glücklich das allgemeine Stimmrecht erlangt!" —

BORUCH. Was hat damit das allgemeine Stimmrecht zu tun?

FUHRMANN. Das hab' ich nur so nebenbei gesagt. ... Die Hauptsache aber ist: Ich kann es nicht verstehen, wie ihr jungen Herren eigentlich euer Leben einzurichten gedenkt! Ihr wollt auf fremdem Grund bauen ... daraus wird aber nichts werden! Denn wenn es euch auch gelingt, etwas aufzubauen, etwa eine Scheune des allgemeinen Wohlergehens, dann wird man euch, den Juden,

---

[14] Hippolyte Taine war ein französischer Philosoph (1828 – 1893)

sagen: „Fort vom fremden Boden!" — Und so wird es kommen, dass ihr wieder nichts haben werdet; nicht einmal diese Scheune! … Ihr jungen Herren verschafft euch zum zweiten Mal ägyptischen Städtebau, dem wir seinerzeit glücklich entronnen sind … dank der Liebenswürdigkeit des Moses!

BORUCH *(herausfordernd)*. Auf welchem Boden gedenken Sie denn, sich anzubauen, Herr Doktor?

FUHRMANN. Ich? — Ich habe meine Jugend schon hinter mir, junger Herr.

BORUCH. Haben sich also schon angebaut?

FUHRMANN. Hm — ja, hab' mich schon angebaut! Ich lebe — und leb' nicht schlecht.

BORUCH. Das weiß ich. … Sie haben sich auch auf fremden Grund angebaut: Beginnt man auf die Juden loszuschlagen, dann kracht auch Ihr Bau zusammen! … An den Zionismus glauben Sie ja nicht, nach Palästina werden Sie doch nicht übersiedeln!

FUHRMANN. An den Zionismus? Wie soll ich es Ihnen sagen? Ich glaub' daran — und glaub' auch nicht!

BORUCH. Das versteh' ich nicht.

FUHRMANN. Es ist sehr einfach. Ich glaube, dass der Zionismus eine gesunde Strömung in dem Leben unserer Juden ist. Er bringt, sozusagen, in unser nationales Selbstbewusstsein ein paar Tropfen Wiedergeburt hinein. … Ich glaube aber nicht an die Verwirklichung des idealen Endzieles des Zionismus. Das ist genau so eine Utopie, wie der Sozialismus. Man muss das Leben innerhalb des Möglichen … und des Realen einzurichten suchen. Im Morgenrot unserer Geschichte lebten wir ein natürliches nationales Leben: wir kämpften, siegten, unterlagen und standen wieder auf. … Wir haben uns lange gehalten . . . dann aber . . . dann verloren wir unsere Unabhängigkeit, unsere Staatsordnung, unser Land. … Dann kamen die Propheten und begannen das Volk zu trösten; denn der einfache Mensch muss einen Hort im Himmel haben, einen Trost! … Jetzt gibt es keine Propheten, soviel ich weiß; aber der einfache Mensch hat einen Trost jetzt ebenso nötig, wie vor vielen tausend Jahren. Schon seit Adam hat man Trost nötig, junger Herr! Da kommt also der Zionismus mit seinen Luftschlössern gerade recht!

BORUCH. Warum denn nur für die „einfachen Leute?" Was wollen Sie damit sagen? Besteht denn das einfache Volk aus lauter Idioten? *(Schloime hat mehrmals dazu angesetzt, mit der Zeitung in den Saal zu gehen, um das gelesene Telegramm den andern mitzuteilen; entschließt sich aber nicht.)*

FUHRMANN *(belehrend)*. Junger Herr, das hab' ich nicht gesagt! Nur immer langsam voran! — Ich bin aber überzeugt, dass Sie, der Sie nicht zum einfachen Volke zählen, den kindlich naiven Glauben an die göttliche Vorsehung nicht haben, den das einfache Volk hat. Sie haben nicht … die Religion! Jene Religion, an die sich noch heute das einfache Volk klammert!

LEISER. Religion? Sie gehen nicht in die Synagoge, essen Treif [15], halten den Sabbath nicht … Es ist schon so, Herr Doktor, jaja!

FUHRMANN. Dennoch dürfen wir nicht vergessen, dass wir, die Juden, sogar auf der Höhe unserer politischen Macht, nur eine religiös-nationale Aggregation waren. Ohne unsere Religion sind wir keine Nationalität!

BORUCH. Ich versteh' nicht, wozu Sie das alles erzählen!

---

[15] Nicht koschere, rituell unreine Speisen.

FUHRMANN. Ich will Ihnen erklären, wie und auf welchem Grund ich mich angebaut habe. Nur nicht so ungeduldig!

LEISER. Lass doch den Herrn Doktor ausreden! — das ist unhöflich! —-

FUHRMANN. Ein gebildeter Jude verliert mit der Religion seine Nationalität. Das ist das Gesetz der historischen Evolution des jüdischen Volkes. Unser Judentum ist nur durch die Religion stark. Wer von den gebildeten Juden kann sich aber religiös nennen? Ich kenne keinen, bin nie einem solchen begegnet! An einem solchen gibt es dann bald nichts Jüdisches mehr. Vielleicht nur — der Akzent, über den alle lachen, der eine unerschöpfliche Quelle für die russischen Witzbolde ist! — Was bleibt nun unter diesen Umständen zu tun? — Es wird verlangt, du sollst dich taufen lassen: lass dich taufen! — Bald geschehn! Man spottet in deiner Gegenwart über die Juden: lach auch du! denn es ist unvernünftig, zu weinen. Der arme Jude muss Hungers sterben: sieh also, dass du reich wirst! Denn der Jude mag ebensowenig sterben, wie jedes andere vernünftige Geschöpf. Dann, wenn du reich wirst, werden sie sich vor dir, dem Juden bücken, und du, der Jude, wirst über sie lachen! .... Das ist die ganze Logik des Lebens! *(Erhebt sich.)* Nun, auf Wiederseh'n! Morgen komm' ich nach der Patientin sehn! *(Verabschiedet sich von Leiser, der ihm das Honorar in die Hand schiebt.)* Nein — das kann ich nicht! das kann ich nicht, verehrter Leiser Mohisewitsch! *(Legt die Hände auf dem Rücken zusammen und grüßt nochmals, mit den Füßen scharrend.)*

LEISER. Warum denn nicht? Sie haben doch Mühe gehabt, Herr Doktor! Keiner darf umsonst arbeiten.
(Streckt die Hand mit dem Geld wieder hin.)
Das geht doch nicht, umsonst!

FUHRMANN. Ich hab' es nicht umsonst getan! Ich hab' das größte Vergnügen in dem Bewusstsein gehabt, dass ich mich Ihnen ein wenig nützlich machen konnte!
(Nähert sich, rückwärts gehend, dem Ausgang; Leiser folgt ihm.)
Wenn Sie durchaus das Geld loswerden wollen, so geben Sie es doch armen Juden. … Wir haben ja so viele!
(Boruch geht in sein Zimmer, ein ironisches Lächeln im Gesicht.)

LEISER. Wie Sie wollen, Herr Doktor! Ich danke Ihnen! — Entschuldigen Sie … dass wir so … ohne Umstände …
(Begleitet Fuhrmann. Wenn dieser hinausgetreten ist, bleibt Leiser auf der Schwelle stehen und spricht mit Fuhrmann, der für das Publikum unsichtbar bleibt.)
Mir? — schlecht, Herr Doktor! Es ist Zeit, dass ich sterbe.
(Pause.)
Mein Magen? — In Ordnung, in Ordnung! Bei einem armen Juden ist der Magen immer in Ordnung: Da drin ist ein Hausknecht, der immer sehr gut ausfegt!
(Lacht, macht eine Verbeugung und geht von der Tür zurück.)

SCHLOIME *(voll Entsetzen, geheimnisvoll).*
Wissen Sie, Reb Leiser? …

LEISER. Nun?

SCHLOIME. Sie haben in Kischinew schon eine Judenhetz'!

LEISER. Was sagst du?

SCHLOIME *(reicht die Zeitung).* Da … ein Telegramm!

LEISER. Uns verfolgt man überall! Man peinigt uns immer! Alle peinigen uns! Und wir selber peinigen uns, haben mit uns kein Mitleid!
(Schleudert die Zeitung zu Boden und begibt sich zu Lija.)
Uijuijui!

(Boruch tritt in den Saal.)
Weißt Du? … in Kischinew ist eine Judenhetze!

BORUCH. Ich weiß.

LEISER. Ich fürchte, dass Lija es erfährt. … Wir dürfen es ihr nicht sagen … lass sie sich beruhigen!. . .
(Geht auf den Zehen ab, zu Lija, und kehrt ebenfalls auf den Zehenspitzen zurück; freudig, im Flüsterton:)
Sie ist eingeschlafen! … Lass sie schlafen! … Und lass sie süß träumen! — Uijuijui! *(Boris nimmt die Mütze)*. Wo willst Du hin?

BORUCH. Ich muss … ich hab' etwas Notwendiges … komme gleich zurück! … *(Geht durch den Laden. Leiser begibt sich gleichfalls in den Laden; Boruch verschwindet.)*

LEISER. Wir müssen stiller sein, Schloime! Lija schläft. … Da ist das Unglück wieder da. Wieder wollen sie uns morden! … Uijuijui! — Aber — sie darf es nicht erfahren! Lass sie sich beruhigen! *(Setzt sich an die Arbeit. In den Laden kommt ein Pan [16].)*

DER PAN. Guten Tag, Herr Frenkel!

LEISER *(mit düsterer Miene grüssend)*.
Bitte den Herrn, Platz zu nehmen! *(seufzt.)*

DER PAN. Haben Sie gehört? In Kischinew hat man die Juden angefallen!

LEISER. Was ist zu machen? Es ist schon so unser Schicksal. … Was ist dem Herrn gefällig?

DER PAN. Ich brauche Geld, Verehrtester! Höchste Not, mein Lieber! Helfen Sie mir doch! — nur leihweise!

---

[16] Ein reichgekleideter Herr; der Ausdruck wird meistens für die Polen gebraucht.

LEISER *(sehr ernst)*. Der Herr meint, dass alle Juden Geld haben und auf Zinsen geben?

DER PAN. Wo soll's denn sein, Nachbar, wenn nicht bei euch? — Ich brauche doch nicht viel: zweihundert Rubel! Gegen Wechsel! … Ich zahle hohe Zinsen! …

LEISER. Dann, wenn die Zeit zum Zahlen da ist, dann sagt der Herr: „Dieser räudige Jud', der Leiser Frenkel!"

DER PAN. Vor allem, Herr Frenkel: ich bin ein wohlerzogener Mensch und war Offizier der russischen Armee! Folglich — habe ich Ehre und einen unbescholtenen Namen!

LEISER. Neulich hat ein Freund von mir, Senderke, einem Herrn Offizier hundert Rubel auf Wechsel gegeben. Der Herr Offizier hat gesagt: wenn Senderke es ihm nicht gibt, dann schießt er sich tot, weil er Staatsgeld verspielt hat.

DER PAN. Das kommt vor! —

LEISER. Der Herr Offizier hat geweint, hat sich sogar bekreuzigt. Senderke hat ihm gegeben. Jetzt schmeißt der Herr Offizier Senderke die Treppe runter und sagt, er wird beim Gericht anzeigen, dass Senderke ein Wucherer ist.

DER PAN. Das ist gemein! entschieden gemein!—

LEISER. Und jetzt lacht der Herr Offizier, und Senderke weint. Er wollt', wie jeder will, sein Kapital vermehren, hat aber alles verloren. … Nichts hat er mehr! Ein armer Jud' bekommt aber Geld sehr schwer zusammen! —

DER PAN. Wer kriegt es denn leicht? *(Pause.)*
Nun also, verehrtester Herr Frenkel; wie steht es mit dem Gelde? Wenn Sie wollen, kann ich einen Bürgen stellen … zwei!

LEISER. Und doch kann ich Ihnen nichts geben.

DER PAN. Warum nicht?

LEISER. Weil ich kein Geld zum Verleihen hab'!
(In den Laden kommt Nachmann, heftig erregt, hereingestürzt.)

NACHMANN. Verzeihung! ... hab' ich Sie gestört?

LEISER. Macht nichts. ... *(Zu dem Pan.)*
Ich hab' kein übriges Geld! —

DER PAN *(steht auf, gereizt)*. Was zum Teufel haben Sie denn lang und breit darüber geschwatzt, was ich sagen und denken werde, wenn Sie mir Geld auf Wechsel geben!

NACHMANN *(horcht gespannt auf)*.

LEISER. Warum zürnt denn der Herr? Ich hab' nur dem Herrn sagen wollen, wie schlecht es auf der Welt ist, Jude zu sein.

DER PAN. Schert euch zum Teufel mit eurer jüdischen Philosophie! *(Dreht sich um und geht auf den Ausgang zu.)*

NACHMANN *(stürzt ihm nach)*.
Sie frecher Mensch! — Schuft!

LEISER *(fasst Nachmann am Rock und hält ihn zurück)*.
Lassen Sie! Fangen Sie nichts an!

NACHMANN *(gekränkt, mit Tränen in der Stimme)*.
Schuft! Wie untersteht er sich!?
(Lässt sich schweratmend auf den Schemel fallen.)
Och! — Einmal wird mir noch das Herz zerspringen!

LEISER *(zu Schloime)*. Gib ein Glas Wasser her, Schloime!

SCHLOIME *(geht auf den Fußspitzen in den Saal, bringt Wasser; Nachmann trinkt und wischt sich mit dem Tuch das Gesicht)*.

LEISER. Warum sind Sie so aufgefahren? Es war nichts Besonderes! ... Weiß ich denn nicht, dass ich ein Jude bin und dass meine Philosophie eine jüdische ist? ... *(In der Tür erscheint L i j a; sie hält sich am Pfosten und lauscht den Worten Nachmanns.)*

NACHMANN *(mit erstickter Stimme).*
Ich hab' einen Brief aus Kischinew bekommen ... dort ist ein förmliches Blutbad ... dort mordet man alle ... Greise und Kinder! ... Frauen werden geschändet! ...
(Holt mit zitternden Händen aus der Tasche einen Brief und liest).
Da ... da: „Räuberbanden ziehn durch die Straßen, brechen in jüdische Häuser ein und vollführen furchtbare Bestialitäten, vor denen sogar die Missetaten der Türken den Christen gegenüber verblassen! Einem jüdischen Tischler wurden mit einer Säge die Hände abgesägt; einer Frau haben sie den Leib aufgeschlitzt und mit Bettfedern vollgestopft. Eine andere Frau, die schwanger war, kreuzigten sie am Boden und schändeten sie in der abscheulichsten Weise. ... Einem Gymnasiasten haben sie die Zunge ausgeschnitten. ... Und das Militär stand daneben und wollte keinen Schutz geben!" *(Unterbricht das Lesen.)*
Mein Gott! mein Gott! — Das nennen sie Assimilation!
(Bedeckt das Gesicht mit den Händen. Leiser schweigt; Schloime weint still.)
Wann wird's ein Ende haben? ...
(Boruch kommt herein; Nachmann springt auf und spricht, den Brief schwenkend, schrill, schreiend, mit hysterischen Tönen in der Stimme, — gewürgt:)
Boris Lasarewitsch! Gratuliere! Sie morden uns! — fürchterlich morden sie! Sprecht nur weiter von den gleichen Rechten und der Solidarität aller Armen! Inzwischen lasst sie unsere Väter morden, unsere Kinder martern, unsere Töchter — schänden!

LEISER. Reb Nachmann! um Gotteswillen, etwas leiser! Lija ... sie schläft ... sie ist krank!

NACHMANN. Das müssen alle wissen! Alle! Gesunde und Kranke! — Vielleicht wird das unsere Intelligenz aufwecken! — Sogar
der Tiere bemächtigt sich eine Blut-Psychose, wenn man vor ihren
Augen ihresgleichen schlachtet. … Lasst dieses blutige Entsetzen
alle ergreifen, die ruhig hier auf Golem [17] warten! Lasst sie nur
morden, lasst sie morden! *(Heiser.)* Wartet nur ab, bis euer Marx
kommt und alle Menschen in das verheißene Land führt! —

LEISER. Um Gotteswillen, leiser!

NACHMANN *(hysterisch lachend).*
Wartet immer weiter auf euren Marx! Aber seht zu, dass er nicht
etwa vergisst, die Juden mitzunehmen, wenn er alle Menschen in
das verheißene Land führt! — Er wird's vergessen! er wird's vergessen — die Juden wird er vergessen!
*(Fällt in einem hysterischen Anfall nieder, wobei er einen Stuhl
mitreißt. Lija schreit auf und fällt in Ohnmacht. Auf der Straße
wird Lärmen vernehmbar. Boruch eilt zu Lija.)*

EIN POLIZIST *(guckt in den Laden).*
Macht den Laden zu! Auf dem Markt ist es unruhig! Rasch! —
*(Verschwindet. Schloime schluchzt leise, am ganzen Leibe zitternd,
und beginnt hastig die Türen zu schließen und die silbernen und
goldenen Sachen aus den Fenstern fortzuräumen. Leiser steht
stumm, mit gesenktem Haupt da.)*

(Vorhang.)

---

[17] Golem, nach der jüdischen Sage aus Lehm oder Ton künstlich erschaf-
fenes, stummes menschliches Wesen, das oft gewaltige Größe und Kraft
besitzt und als Retter der Juden in Zeiten der Verfolgung erscheint.

Vierter Aufzug.

Dieselbe Dekoration. Fenster und Türen im Laden sind fest verschlossen und verriegelt. Durch die Ritzen in den Läden dringen rötliche Lichtstreifen von der untergehenden Sonne. Im Saal ein Durcheinander von umherliegenden Sachen, Aaron und seiner Frau gehörig, die soeben angekommen sind. Aus den hintern Zimmern hört man von Zeit zu Zeit das Weinen der Kinder und die wehklagende Chane. Die Tante Sara schlummert in einer halbdunklen Ecke des Saales und murmelt bisweilen leise, den Kopf schüttelnd. Im Saal sitzt Schloime, am Boden niedergekauert, beim Licht eines Kerzenstumpfes, weint still und legt Wanduhren, Ordensmedaillen etc. in Kisten, wobei von Zeit zu Zeit ein zitterndes Klingen von Uhrfedern ertönt. In Boruchs Zimmer hört man Vater und Sohn streiten.

LIJA *(leidend, bewegt sich mühsam; kommt in den Saal hinein und geht auf die Tante Sara zu.)*
Tante! Sie sollten sich doch niederlegen! Nun sitzen Sie schon die zweite Nacht hier … Tante!

SARA *(aufwachend).* Ach, wie du mich erschreckt hast! … Ich war eingeschlummert und mir schien, dass etwas Böses …

LIJA. Legen Sie sich in mein Bett!

SARA. Sorg' dich doch nicht! … Schau lieber, dass du zur Ruhe kommst. … Du siehst ganz krank aus. … Die Kinder lassen dich wohl nicht schlafen? — Was zanken sie dort immerfort? In so 'ner schrecklichen Zeit! … Das ist eine große Sünde! … Du willst gewiss etwas essen! … Du isst ja gar nichts. …
(Erhebt sich mit Mühe aus dem Sessel und geht in watschelndem Gang den hinteren Zimmern zu.)
Bald werden wir nichts mehr zu essen haben. Alles ist aufgegessen

91

… Fleisch, Milch kann man nirgends mehr bekommen! …
(Verschwindet in den hintern Zimmern, woher Aaron und, hinter ihm, seine Frau Chane kommen.)

CHANE *(weinerlich, vorwurfsvoll).*
Ich hab' dir doch gesagt! Wir hätten zu Haus bleiben sollen. … Gib mir den Korb her!

AARON. Wer könnt' das wissen? Überall ist es schlecht. … Nirgends ist man sicher.
(Das Weinen der Kinder ist von weitem zu vernehmen.)

CHANE. Gleich, gleich! Das ist die reine Gottesstrafe! — Ich komm' gleich! *(Geht zu den Kindern.)*

AARON *(bringt den Korb herbeigeschleppt).*
Wer konnte das wissen? Hier sind wenigstens Soldaten; bei uns sind keine. … Überall ist es schlecht … nirgends ist man sicher!

LIJA *(geht von einem Zimmer zum andern, bleibt am Gewölbebogen im Laden stehen).*
Worüber weinst du, Schloime? … Geh' nach Hause! Wir können dies ohne dich machen.

SCHLOIME *(zieht Luft durch die Nase ein).*
Wohin soll ich gehen? Ich wohne auf dem untern Markt; wenn ich jetzt nach Hause geh', da werd' ich totgeschlagen. Meine Mutter haben sie auch totgeschlagen. Ich tu keinem was, ich leb' ganz ruhig — wofür wollen sie mich totschlagen?

LIJA *(müde).* Nun lass doch! Mit Weinen ist da nicht zu helfen. …
(Wandelt leise den hintern Zimmern zu. Ihr entgegen kommt von der Hintertreppe Iserson in furchtbarer Aufregung hereingestürzt.)

ISERSON. Wo ist Beresin?

LIJA. Ich weiß nicht.

ISERSON.

Wo ist er denn? Wenn er an das glaubt, was er spricht, so muss er mit uns sein! Dort geht's schon los! … Er muss dorthin gehn!

LIJA *(müde, unter Tränen)*. Ich weiß nicht … ich weiß gar nichts!

ISERSON *(fortgehend)*. Wenn er kommt, so sagen Sie ihm. dass ich an unsere Sache glaube. Ich kann nicht anders als glauben! Ich muss glauben! Wir erwarten ihn! … Wenn wir Brüder sind, muss er kommen! … Dorthin! …

(Stürzt fort. Die Tür von Boruchs Zimmer geht auf; Leiser kommt heraus. Boruch bleibt auf der Schwelle stehen.)

LEISER *(sich umwendend)*. Warum kommt er zu dir?

BORUCH. Er ist mein Kamerad!

LEISER. Warum hast du dir deine Freunde nicht unter den Juden gewählt? Warum hast du keinen Freund unter den Juden?

BORUCH. Es traf sich so! Freunde geht man nicht da oder dort suchen — sie kommen von selbst! … Und kann es dir denn nicht gleich sein, wer mein Freund ist?

LEISER. Ich will nicht, dass er hierher kommt. Hörst du?

BORUCH. Warum?

LEISER. Wenn du das nicht verstehst, so lohnt es sich nicht, dir das zu erklären! — Ich will es nicht! — verstanden? Ich meine, wenn du dir deine Kameraden vorsichtiger ausgesucht hättest, dann hätten sie dich und Lija nicht fortgejagt und ihr würdet ausstudieren können. … Hast du nicht gehört, was Dr. Fuhrmann gesagt hat? — Was ist denn bei euren Unruhen herausgekommen? Wem haben sie was geholfen?

BORUCH *(leise, aber eigensinnig)*. Mir! … *(Man hört von ferne die Menge toben. Schloime horcht voll Entsetzen auf.)*

LEISER. Dir? Dafür habe aber ich, dein Vater, es schlimmer!

LIJA *(in der Tür)*.
Hört doch auf! Genug, genug! — Das ist nicht zum Ertragen! —

LEISER. Du sollst im Bett bleiben! Geh! *(Lija verschwindet.)*
Du lügst! … Ist das denn besser, das ganze Leben lang wie ein Hund in einem Loch an der Kette zu liegen? Ist das denn besser, da zu leben, wo dich jeder an der Gurgel packen und erwürgen kann … wie jetzt? Siehst du!
(Zeigt mit der Hand in der Richtung des Ladens.)
Was wird denn werden? — Die anständigen Juden werden dir aus dem Weg gehen, du bekommst keine Beschäftigung, sie werden nicht einmal mit dir reden! …

BORUCH. Meinetwegen! — Ich komme schon ohne die „Anständigen" aus!

LEISER. Die Menschen trauen den Juden das Allerschlimmste zu … . Der Jude ist ein Spitzbub, der Jud' ist ein Halsabschneider, der Jud' ist ein Verräter, — der Jud' hat kein Gewissen! — Du hast mir nicht die ganze Wahrheit gesagt: Deine Sache ist noch nicht zu Ende . . vielleicht kommst du noch ins Gefängnis!....Wie werden dich die Leute rufen, nachdem du im Gefängnis gesessen hast? Da — der Jud' aus dem Gefängnis! nicht wahr?

BORUCH. Mir ist's gleich. … Es gibt Menschen, die nicht so von mir sprechen werden.

LEISER. Wo sind denn diese Menschen? Hast du sie gesehn?

BORUCH. Ich hab' sie gesehn.

LEISER.
Und wieviel solche Menschen gibt es? Einen, zwei, zehn?

BORUCH. Es gibt viel solche jetzt.

(Dumpfes Lärmen der Menge aus der Ferne.)

LEISER. Pch! Mehr als solche, die uns morden? Hörst du dort?! *(Zeigt mit der Hand in den Raum.)*

BORUCH. Nicht zu zählen!

LEISER. Und diese Menschen verspottet man nicht? Und nennt sie nicht auch — „Jüden"?

BORUCH. Nein!

LEISER. Zum Studieren kommst du jetzt nicht mehr! — denn du bist ein Jude! Die andern werden zurückkehren, Abbitte tun und sich wieder an ihre Bücher setzen. ... Du aber nie! — denn du bist ein Jude! Und doch hab' ich alles getan, damit du einmal besser leben sollst, als ich, dein Vater, gelebt hab'. ... Du hast ganz vergessen, dass du einen alten Vater hast, eine Schwester und eine Tante, und dass wir alle Juden sind.

BORUCH. Ich habe das nicht vergessen. Ich weiß aber, dass es Millionen Menschen gibt, die sich nicht Juden nennen und ebenso wie hungrige Hunde leben!

LEISER. Boruch! Alle haben eine Heimat ... ich und du, wir haben keine!
(In den Laden stürzt entsetzt Aaron, spricht leise und hastig etwas mit Schloime und läuft wieder in die hintern Zimmer.)

BORUCH. Ich habe eine!

LEISER. Wo ist sie denn, wo?

BORUCH. Weit! ... Weiter als Palästina! Einmal werden dorthin alle Menschen kommen, und dann wird es weder Juden, noch Armenier, noch Neger geben. ...
(Schloime lässt eine Uhr fallen, das zitternde Klingeln ihrer Feder mischt sich mit seinem zurückgehaltenen Weinen.)

LEISER. Ach, Boruch! Nachmann sagt, so weit hat man nach deiner Heimat zu gehn, dass man sie nie erreichen wird.

BORUCH. Für mich ist Nachmann kein Gesetzgeber! Ich hab' meinen eigenen Verstand.

LEISER. Du bist weise geworden! Aber, Ecclesiast [18] war klüger als du, mein Sohn, und doch hat er gesagt:
„Weil es denn dem Narren geht, wie mir, warum habe ich denn nach Weisheit gestanden?"

BORUCH.
Lassen wir doch dies Gespräch! Jetzt ist nicht die Zeit dafür. Wir werden einander auch nicht verstehen. … Hat keinen Zweck!

LEISER. Ich meine: gerade jetzt ist die Zeit! Bist du denn ganz blind geworden, siehst nichts? Du sagst, wir verstehen Einer den Andern nicht: stammen wir denn nicht beide von Sem [19] ? Und glauben wir denn nicht an den Einen Gott? Ach, Boruch! Du bist sehr weise geworden! … Vergiss aber nicht, was geschah, wie die Weisen sich erhoben wider Gott und einen himmelhohen Turm zu bauen unternahmen! Was hat Gott mit ihnen getan?

BORUCH. Ich weiß das alles.

LEISER. Gott hat sie vom Himmel gesehen und gelacht: sie konnten Einer den Andern nicht mehr verstehen und ihren Turm nicht weiterbauen. … Auch ihr jungen Juden, die ihr so klug seid und

---

[18] Aus dem Altgriechischen abgeleitete Bezeichnung für den Prediger von Weisheiten der Hebräischen Bibel. Von Luther im Alten Testament als „Der Prediger Salomo" übernommen.
[19] Ältester Sohn Noahs, einer der biblischen Stammväter der nachsintflutlichen Menschheit.

gelehrt, versteht uns, die Alten und Ungebildeten, eure Väter und Mütter, nicht mehr! Jetzt wollt ihr nicht mehr in die Synagoge gehen … ihr esst treif, besudelt euch gar leichtsinnigen Herzens und fürchtet den Zorn eures Gottes nicht! Du bist ja so weise geworden, jetzt will ich dich fragen: warum willst du deinem Volke nicht dienen, aber den Andern? Jeder Mensch will Brot haben, für den Juden aber ist diese Sorge am größten! …

BORUCH. Ich hab' es dir schon gesagt: ich will allen dienen, die Hunger leiden.

LEISER. Sie haben aber viele, die ihnen dienen, ohne dich, während dein Volk nur Feinde hat. *(Dumpfes Lärmen der Menge.)*

BORUCH. Nicht nur Feinde!

LEISER. Du bist auf fremder Erde geboren, in Goles, und seit dem Tage deiner Geburt und vielleicht bis zur Stunde deines Todes wirst du von Verachtung und von Hass umgeben sein! Und wenn du zu — „i h n e n" gehst *(macht eine Geste in der Luft)* und ihnen mit reinstem Herzen dienen wirst, werden s i e dir nicht trauen! Sie werden sagen, dass du dabei an ein Geschäft denkst! — denn du bist ein Jude!

LIJA *(erscheint in der Tür, flehend)*. Um Gotteswillen, hört auf! *(Unter Tränen.)* Boris! ich bitte dich … Vater!

LEISER. Hab' ich euch denn darum studieren lassen, damit ihr, meine Kinder, Freunde nicht mehr von Feinden unterscheiden könnt? *(Sara kommt herein.)*

LIJA. Boris! …

SARA. Sie streiten immer! … Solche fürchterliche Zeiten! … Uijuijui! *(Zündet die Lampe auf dem Tisch an und setzt sich auf ihren Sessel.)*

BORIS *(geht nach seinem Zimmer zu)*. Meine Feinde sind nicht die, die du Feinde nennst! *(Verschwindet.)*

LEISER *(nach der Türe hin)*. So ist die Sache!
(Mit zitternder Stimme.)
Und auch dort *(zeigt mit der Hand in die Luft)* sind auch nicht deine Feinde? — Freunde dann!? Vor deinen Freunden also haben wir uns versperrt und zittern wir?

LIJA. Vater! warum sprichst du so?

LEISER *(schreit)*. Schweig'! *(Lija verschwindet.)*
Was? hinaus! — Ich will dich nicht sehen!
(Stampft mit den Füßen.)
Fort von mir, verfluchter Goj! fort! Schuft! Du bist nicht mein Sohn mehr!
(Aus der Tür schauen Aaron und Chane voll Angst hervor; die Kinder hört man hinten weinen.)

BORUCH *(kehrt mit der Mütze in der Hand zurück)*.
Ich gehe fort, Vater! Schrei' nicht! Du weißt nicht, was du sprichst und was du tust … Leb' wohl! bleib' gesund!
(Geht durch die Hintertür hinaus. Lijas Stimme: „Boris! Boris!)

LEISER *(lässt sich auf den Stuhl am Tisch fallen, legt den Kopf in die Hände und beginnt zu schluchzen)*.
Was hab' ich getan? Was hab' ich getan? Ich hab' keine Kinder mehr, keine mehr! Der Wind kam von der Wüste her und fegte alles weg … alles!
(Ringsumher Stille; nur das Aufschluchzen des weinenden Leiser ist vernehmbar. Dann plötzlich ein starker Schlag gegen den Fensterladen. Schloime springt auf und stürzt entsetzt in den Saal, dann in die hintern Zimmer. Dort hört man, wie sich Aaron und Chane hastig zu schaffen machen. Leiser wird still; bleibt aber in dersel-

ben Haltung am Tische, den Kopf in die Hände gelegt. Aaron, Chane, Schloime machen sich nun auch in Laden und Saal unruhig zu schaffen. Eine Diele wird ausgehoben; sie suchen dort Bündel, Kisten, Koffer etc. zu bergen. Von draußen hört man dumpfes Lärmen der Menge und Pfeifen der Polizisten.)

SCHLOIME *(Leiser an der Schulter berührend).*
Reb Leiser! Reb Leiser! hören Sie?
(Zeigt mit der Hand durch das Zimmer.)

LEISER *(leise, kaum hörbar).*
Ich höre, Schloime!
(Macht eine Handbewegung, ohne seine Haltung zu verändern.)
Der Wind kam von der Wüste her. … *(Erhebt sich still und geht in das Zimmer Boruchs, um dort zu beten.)*

SARA. Ich kann nicht aufstehen! … Helft mir aufstehn! Niemand will mir helfen, und meine Füße können nicht mehr!
(Von hinten das Weinen der Kinder.)

CHANE *(nach den hintern Zimmern laufend).*
Kinder! meine Kinder! Meine lieben Kinder, wo soll ich euch verbergen? Nirgends kann ich euch verbergen! …
(Das Lärmen der Menge kommt näher. Man hört irgendwo das Tönen eines Klaviers, das hart aufs Pflaster stürzt. Die Menge tobt, johlt, lacht. Aaron und Schloime stehen einen Augenbick starr vor Angst.)

SARA. Wo ist denn Leiser?

SCHLOIME *(weinerlich).* Reb Leiser betet!

SARA. Gott hört nicht! … Nein! er hört nicht. … Er will uns nicht mehr hören … er will nicht! …
(Lija kommt, schwer sich schleppend, in den Saal herein, indem sie sich an den Wänden hält; ihre Augen sind voll Entsetzen.)

LIJA. Wo ist der Vater? Sie werden bald hier sein … sie werden bald hier sein!

SARA. Er betet! Gott hört nicht … nein! Er hört nicht.

LIJA *(lässt sich auf einen Stuhl fallen).*
Wir müssen die Kinder fortschaffen! … Mein Gott!
(Bedeckt das Gesicht mit den Händen.)

NACHMANN *(kommt von der Hintertür hereingestürzt).*
Was sitzt ihr denn? Hört ihr denn nicht?
(In den Saal kommt Leiser still herein; er ist ruhig, sein Blick nach innen gekehrt.)
Leiser Mohisewitsch! Wir müssen fort! — noch ist es Zeit! Wir können durch den Nachbarhof auf den Platz kommen! … Was sitzt ihr? Lija!

LEISER. Fortgehn! Wozu? — Es ist gleich. Ich brauche nichts. … Alles ist gleich.

LIJA. Ich habe keine Kraft. … Schafft die Kinder fort! Schafft den Vater fort!
(Das Toben der Menge kommt näher; man hört Schreien, Weinen und Lachen, Krachen und Pfeifen; alle diese Töne klingen in einen wilden Akkord zusammen.)

LEISER. Mich? Wozu denn mich? Kann ich denn meine Lija allein lassen? Ich hab' alles verloren … ich will mit dir zusammen sterben.

CHANE *(stürzt herein, ihren Knaben an den Armen schleppend).*
Versteckt mir meinen Sohn! Wenigstens einen! Ich flehe euch an, in Gottes Namen!
(Fällt vor Nachmann auf die Knie und küsst seinen Rock.)
Rettet mir meinen Sohn!

(Weint und klammert sich an Nachmanns Knie.)

NACHMANN. Gut! gut!
(Nimmt den Knaben bei der Hand, der weint. Zu Lija:)
Lija! Wir müssen uns verteidigen!
(Streckt die Hand aus, in der ein Revolver glänzt.)
Nehmen Sie ihn!
(Lija nimmt den Revolver und lässt die Hand mit der Waffe kraftlos niedersinken.)
Ich komme bald zurück! Gott schütze euch!
(Das Kind sträubt sich und jammert.)

CHANE.
Geh' doch, geh' doch! Er ist ein guter Mann. Samuel! Geh' doch, mein Kind! Ich komme nachher und bring' dir Kuchen!

AARON *(zornig)*. Geh' doch, dummer Junge!
(Nachmann führt den weinenden Knaben ab.)

LEISER *(zu Aaron)*.
Ihr könnt noch fortkommen, hat Nachmann gesagt; warum geht ihr nicht fort? *(zu Schloime.)* Ich halte dich nicht zurück: Du willst doch sehr leben — rette dich! …
(Ein starker Schlag gegen die Ladentür und Stimmengewoge unter den Fenstern. Aaron und Schloime laufen nach den hintern Zimmern und erscheinen nicht wieder. Lija steht vom Stuhl auf und schaut, an die Wand gelehnt, nach dem Laden hin. Chane stürzt verstört in den Saal herein, auf dem einen Arm ein Kind tragend, mit dem andern ein weinendes kleines Mädchen hinter sich her schleifend.)
Komm doch! *(zeigt auf die ausgehobene Diele.)*
Flink! *(Ein neuer Schlag, starkes Lärmen auf der Straße.)*

CHANE. Uijuijui! . . . Wenn ihr weint, werden sie uns finden! . . . Ach! sie werden weinen! Ich kann sie nicht erdrosseln! ....
(Tritt in die Vertiefung; Leiser schlägt die Diele zu.)

LEISER. Sie denken, sie werden bei mir viel Geld finden. ... Ich habe aber nichts! ... Nur dich, meine einzige Tochter! ... Dich geb' ich aber nicht her! nein! dich geb' ich nicht her! ...
(Sara beginnt zu röcheln. Leiser tritt zu ihr.)
Sie hört nicht ... sie wird von nichts wissen ... sie stirbt!

BERESIN *(stürzt vom Hofe her herein).*
Lija! schnell! Ich komme, um dich zu retten!
(Lija steht unbeweglich an der Wand.)

LEISER. Warum sind Sie gekommen?

BERESIN *(packt Lija an der Hand).*
Rasch! Du kannst noch fortkommen! *(zu Leiser)*
Kommt ... auch Ihr!
(Lija schüttelt verneinend den Kopf.)
Leiser Mohisewitsch! um Gotteswillen! Rasch! Lija!
(Ein starker Schlag gegen den Fensterladen.)

LEISER. Ich? Brauchen Sie denn mich? Sie brauchen nur sie allein. Lass sie mit Ihnen gehn — wenn sie will! ... Ich bleibe allein.

LIJA *(zu Beresin).* Geh'! — Ich bleibe!

BERESIN. Das ist aber doch Wahnsinn! Lija! Besinn dich.
(Küsst ihre Hand.)

LIJA *(ihre Hand losreißend).* Ich will nicht! Geh'!
(Unter den Fenstern des Ladens Stimmengewoge der Menge. Rufe, Schläge an die Tür.)

BERESIN. Lija! mein Täubchen! was tust du!
(Versucht, sie mit Gewalt an den Händen fortzuziehen.)

Ich gehe nicht fort! ich bleibe bei euch! Ich geh' nicht!

LIJA *(laut, sich losreißend)*.
Lass mich! Ich gehe nicht mit! Ich will nicht!
(Ein starker Schlag; Krachen — Gelächter. Die Tür und die Fenster des Ladens werden eingeschlagen. Die Menge, mit Spaten, Eisenstangen und Stöcken bewaffnet, dringt ein.)

EINER AUS DER MENGE *(schreit)*.
Hier gibt's welche!
(Die Menge bricht in ein Gebrüll der Freude und des Triumphes aus. Einige zerschlagen die Kisten, den Schrank; die Federn der Uhren klirren. Etwa zehn Männer dringen in den Saal. Lija schleicht sich an der Wand entlang zur Tür nach den hintern Zimmern. Beresin sucht sie mit seinem Körper zu verdecken. Aber auch in den hintern Zimmern hört man die Menge toben, die Geräte und Möbel zertrümmern. Lija schleicht sich wie eine Katze zur Tür nach Boruchs Zimmer und hält mit dem Gesicht gegen die Menge still.)

LEISER *(geht auf die Menge zu)*.
Habt ihr denn keinen Gott mehr?
(Zeigt nach dem Himmel.)

BERESIN *(sucht Lija zu decken)*.
Was tut ihr? Haltet ein!

DIE ERSTE STIMME AUS DER MENGE.
Die Juden hauen wir!

ZWEITE STIMME. Euren Brüdern gerben wir das Fell!
(Brüllendes Gelächter.)

DRITTE STIMME.
Waska! Fasse nur das Mädel an! Schönes Schätzchen, was?

ERSTE STIMME. Siehst, wie er sie hütet? Hat sie für sich gehütet! Aber vergebens! *(Wieder Gelächter.)*

BERESIN. Schufte!

ERSTE STIMME. Bell' du nicht, du räudiger ... solang man dir noch das Leben lässt!

ZWEITE STIMME.
Mach' ihm den Garaus! Bellt noch, der räudige ...!

EINER AUS DER MENGE *(zu Leiser)*.
Nun, alter Jud, kehr die Taschen aus! *(Geht auf Leiser zu.)*

LEISER. Schlagt mich tot! Schnell! — Ihr tut eurem Gott einen rechten Gefallen damit!

ERSTE STIMME. Halt's Maul, du Judenfratz!
(Versetzt Leiser einen Hieb auf den Rücken; er fällt auf die Knie.)

ZWEITE STIMME *(bei Sara)*.
Jungens! Diese Jüdin ist krepiert! vor Angst ist sie krepiert, die räudige! ...
(Brüllendes Gelächter.)

DRITTE STIMME.
Der hier wird auch bald verrecken! Der alte Hund! Rühr' ihn nicht an! Er verreckt bald auch so! ... Pack' da das Mädel an, Waska!
(Ein stämmiger Bursch tritt vor.)

BERESIN *(ergreift einen Stuhl)*.
Rühr' sie nicht an!

ERSTE STIMME.
Jungens! Reißt da den Juden weg! Behütet das Mädel zu sehr! Muss wohl süß sein! *(Gelächter.)*

ZWEITE STIMME. Packen wir ihn, Jungens! Na!

(Die Menge rückt plötzlich vor. Einer packt Beresin an der Hand, ein Anderer reißt den Stuhl los. Es beginnt ein Kampf.)

VIERTE STIMME AUS DER MENGE.
Gib ihm tüchtig eins drauf! Her die Eisenstange!

LIJA *(schreit).*
Er ist ein Christ! ein Christ!

BERESIN *(röchelnd).*
Ich bin ein Christ!
(Fällt zu Boden. Etliche Männer fallen über ihn her.)
Ich bin ein Christ!

VIERTE STIMME AUS DER MENGE.
Er lügt! Er hat ja kein Kreuz!

BERESIN *(heiser).*
Hilfe! Hilfe!
(Er wird durch die Tür in die hintern Zimmer geschleppt, wo der Kampf fortgeht.)

VIERTE STIMME.
Stopf' ihm die Schnauze zu! Steck' was rein!

DRITTE STIMME.
Waska! Fass das Mädel an! Na! vorwärts! Was machst denn für Umstände?

LEISER *(schluchzt).*
Lija! Lija! Warum bin ich noch nicht tot?

DRITTE STIMME.
Lass dir noch Zeit! Wirst schon noch verrecken!
(Der stämmige Kerl und noch zwei wollen auf Lija zugehen. Lija streckt die Hand mit dem Revolver aus; sie bleiben einen Augenblick stehen.)

DER STÄMMIGE BURSCH.

Ach! das Luder! Sie hat eine Pistole in der Hand!

VIERTE STIMME.

Gib die Eisenstange her! Hat vor dem Mädel Angst! Nur frisch drauf los!

(Die Menge drängt plötzlich gegen Lija vor. Sie verbirgt sich in Boruchs Zimmer.)

LIJA *(aus dem andern Zimmer).*

Leb' wohl, Vater!

(Ein Schuss fällt. Die Menge weicht zurück. Einen Augenblick Stille. Der stämmige Kerl trennt sich von der Menge und geht, um in Boruchs Zimmer hineinzusehn.)

DER STÄMMIGE BURSCH.

Hat sich umgebracht, das Luder! Hat sich selber totgeschossen!

DRITTE STIMME.

Geh', Waska! Sie ist noch warm! ... Hast noch Zeit!

(Gelächter der Menge.)

LEISER *(auf dem Boden sitzend).*

Tochter! meine Tochter! Meine einzige Tochter!

(Rufe im Laden:

Die Kosaken kommen, Jungens! die Kosaken! —

Allgemeiner Wirrwarr. Die Menge stürzt durch die Hintertür fort, unterwegs Geschirr zertrümmernd, Sachen hinausschleudernd. Dann wird alles still. Man hört zahlreiche Pferdehufe über das Pflaster hin und vorbeitraben, Pfiffe und Rufe. Durch die eingeschlagene Ladentür kommt Boruch ohne Mütze, mit blutigem Gesicht hereingestürzt.)

BORUCH.

Vater! Lija!

(kommt hastig auf Leiser zu und berührt seine Schulter).

Vater! Vater! wo ist Lija? Sage! Um Gotteswillen, sag's!

LEISER *(kopfschüttelnd).*

Sie ist nicht da! Nichts ist mehr da!

Der Wind kam von der Wüste her und fegte, fegte alles weg!

(Hebt die Hände gen Himmel.)

BORUCH.

Wo ist Lija? Sag mir, wo Lija ist!

(Nachmann kommt in zerfetzten Kleidern, den Revolver in der Hand, hereingestürzt. Er bleibt in der eingeschlagenen Ladentür stehen und beginnt mit wildem Schreien

„Seid verflucht! seid verflucht! Seid verflucht!"

in die Menge auf der Straße zu schießen.

Von der Straße her die verzweifelt schreiende Stimme Isersons:

„Schießt nicht! Da sind christliche Arbeiter! Sie sind mit uns!"

Nachmann wirft den Revolver weg und beginnt, den Kopf gegen den Türpfosten gedrückt, zu weinen.)

(Vorhang.)

M. Virtus

Essay

In:
Russen über Russland
Ein Sammelwerk
Herausgegeben von
Josef Melnik

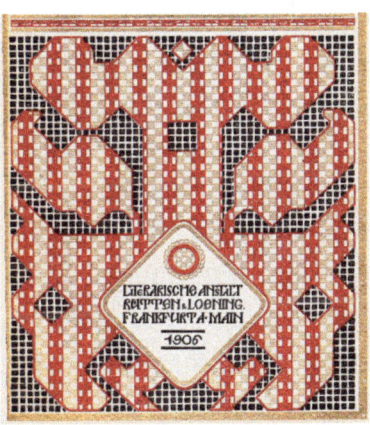

Literarische Anstalt Rütten & Loening
Frankfurt am Main
1906

Die Juden.

Von M. Virtus (St. Petersburg)

"Wenn ich an den Zustand denke, der durch die Vorstellungen und Klagen der uralten Legende geschaffen ward, die den Juden Jahrhunderte hindurch allerorten verfolgt, so will es mir wirklich mitunter vorkommen, als ob ich den Verstand verliere. Eine bodenlose Kluft scheint sich hinter dieser Legende aufzutun, auf deren Grund siedendes Pech brodelt, und in dieser Kluft gehen ganze Mengen eines Volkes in hoffnungsloser Agonie ihrem Untergang entgegen, eines Volkes, dem man alles genommen hat: selbst das Recht auf den Tod. Kein Mensch auf Erden hat genug Phantasie, um sich in den Zustand dieser andauernden Agonie hinein zu versetzen – der Jude aber wird in ihm und für ihn geboren. Als ein Gezeichneter kommt er zur Welt, als ein Gezeichneter schleppt er sich durch das Leben, und als Gezeichneter stirbt er. Oder richtiger, er stirbt nicht, sondern sieht sich auch nach dem Tode für alle Ewigkeit gebrandmarkt in seinen Kindern und Kindeskindern. Es gibt keine Rettung aus dem siedenden Pech, es bleibt ihm keine andere Aussicht als ein ohnmächtiges Zähneknirschen. Was der Jude auch unternehmen mag, er bleibt immer ein Gezeichneter. Wird er Christ, so gilt er als Renegat, bleibt er Jude, so ist er ein schmutziger Hund. Kann man sich ein unsinnigeres und schmachvolleres Martyrium vorstellen?!" (Saltykow-Schtschedrin, "Unbeendigte Unterhaltungen" 1885, S. 126.)

Ich weiß nicht, ob die ganze Tiefe des Schmerzes und der Verzweiflung der Juden jemals lebhafter zum Ausdruck gebracht worden ist, als in den angeführten Zeilen des großen russischen Schriftstellers. Es besteht jedoch ein Unterschied in den Zeiten, in denen Saltykow schrieb, und dem gegenwärtigen Augenblick. [1906] Freilich steckt der Jude bis auf den heutigen Tag noch in

dem siedenden Pech, und auch heute noch füllt das "Ansiedlungsrayon" [1] Heulen und Zähneklappern. Aber in der allgemeinen
Stimmung hat sich doch vieles verändert: neue Horizonte haben
sich aufgetan, und die Hoffnung auf Erlösung beginnt sich zu
regen.

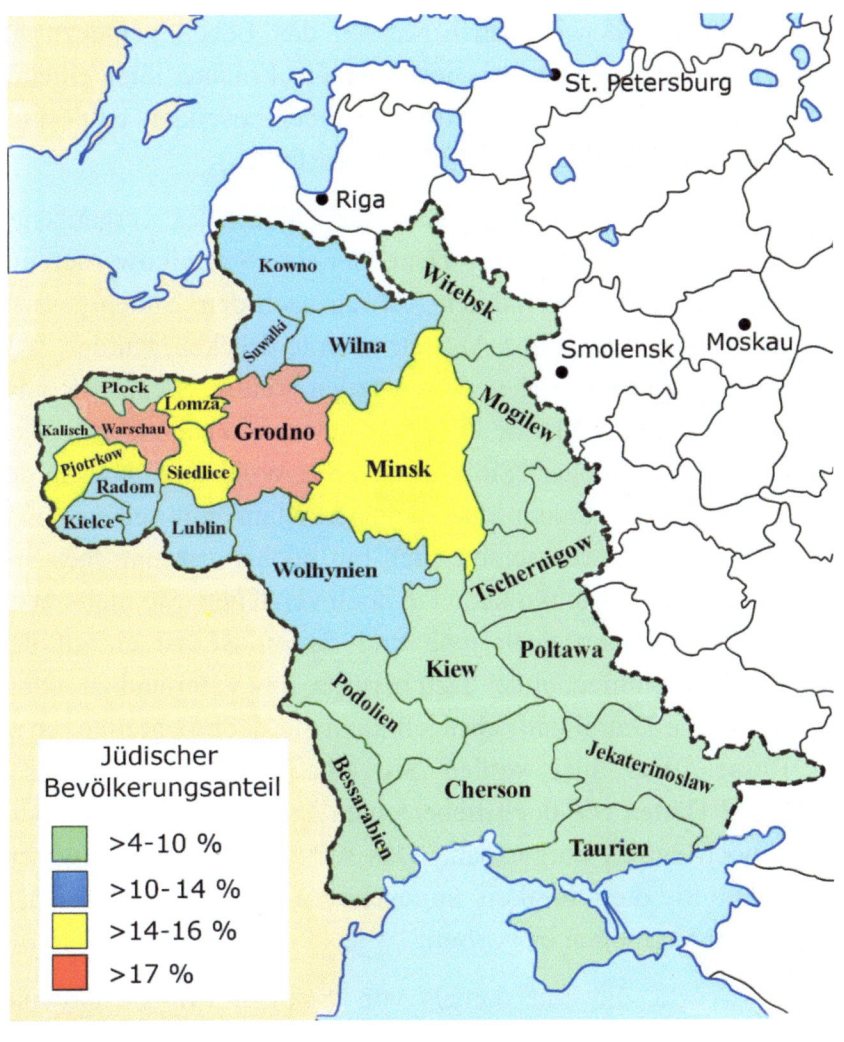

---

[1] Gebiete im Russischen Reich, auf welche das Wohn- und Arbeitsrecht
der jüdischen Bevölkerung beschränkt war.

Das Judentum hat den Glauben gewonnen, dass es keinen andern Ausweg aus dieser äußersten Hölle gibt, als den Kampf mit dem herrschenden Regime, und so kämpft es mit einem beispiellosen Heroismus, wie ja auch seine Leiden beispiellos sind.

Es ist bezeichnend, dass die russische Regierung, die immer nur bemüht war, den jüdischen Massen das Leben geradezu unmöglich zu machen, und die jetzt nur die Früchte ihrer eigenen Politik erntet, über die Opposition der Juden besonders empört ist. Ich erinnere mich dabei an folgenden Vorfall:

Es war in Odessa, in den achtziger Jahren des vergangenen Jahrhunderts. [1880er Jahre] Dem General Strelnikow, der aus Petersburg mit dem besonderen Auftrag nach dem Süden gesandt war, den dort herrschenden Aufruhr zu unterdrücken, wurden zwei Studenten vorgeführt, die verhört werden sollten, Stephan Romanenko und Wulf Ch., heute ein in der ganzen akademischen Welt bekannter Bakteriologe. "Sie sind also der Wulf Ch.," begann der General-Inquisitor, indem er den jungen Mann mit seinen bösen Augen zu durchbohren schien. "Ich bin höchst erstaunt über Sie, Wulf. Diesen Romanenko kann ich noch verstehen, Sie nicht. Weil Stephan Romanenko noch jung und dumm ist, ist er auf den Gedanken gekommen, er sei dazu berufen, das Vaterland zu retten. Das ist ja eine Dummheit, aber ich kann sie doch begreifen, er ist ein Russe. Was aber wollen Sie eigentlich? Was ist Ihnen Russland? Hätten Sie doch lieber einen Laden, eine Kneipe oder besser noch ein … aufgemacht! Das wäre vernünftiger gewesen. Dann hätte Sie die Obrigkeit ungeschoren gelassen, und Sie hätten sich ein Vermögen erworben."

Diese Worte, die mir damals von Stephan Romanenko mitgeteilt wurden, können als vortrefflicher Beweis für die furchtbare Wut dienen, welche die Opposition der Juden noch vor zwanzig Jahren bei der russischen Regierung hervorrief. Seit jener Zeit haben sich die feindlichen Beziehungen zwischen der russischen Regierung und der jüdischen Bevölkerung durch den politischen Kampf bis zum Äußersten verschärft.

Dennoch konnten auch die größten Anstrengungen mit außerordentlichen Vollmachten ausgestatteter Regierungsbeamter den Protest der Juden nicht unterdrücken. Weder Gefängnis, noch körperliche Folter, Kosakenpeitschen oder Deportation nach den äußersten Grenzmarken Sibiriens, selbst die Todesstrafe vermochten es nicht, die Juden zu beruhigen. Vielmehr wuchs die Opposition der Juden nur noch an und hat heute solche Dimensionen angenommen, dass die Verteidiger der überlebten Staatsordnung geneigt sind, die ganze gewaltige Befreiungsbewegung in Russland den Juden in die Schuhe zu schieben, selbstverständlich in der Absicht, diese Bewegung in den Augen der ungebildeten Masse zu diskreditieren.

Nicht nur die akademische Jugend und das Proletariat, sondern auch die breiten Schichten der unorganisierten jüdischen Masse erklären öffentlich und ohne Zurückhaltung ihren Hass und ihren Abscheu gegen das bestehende despotische Regierungssystem. Als es bekannt wurde, dass Bulygin [2] die Juden nicht zu der Volksvertretung zulassen wolle, erhoben die ganze jüdische Bevölkerung in Russland und alle jüdischen Gemeinden einen so leidenschaftlichen Protest, dass die Regierung sich gezwungen sah, diesen Plan fallen zu lassen.

"Bis zur Verzweiflung gebracht", erklärten die Juden aus Schitomir, "können wir nicht alles geduldig ertragen, was die Bu-

---

[2] Alexander Bulygin (1851-1919) wurde 1905 Innenminister. Bekannt durch die "Bulygin-Verfassung", mit der auf die Unruhen 1905 reagiert wurde.

reaukratie gegen uns unternimmt. Eine Erneuerung, die auf der Grundlage der Ungleichheit und Willkür vor sich gehen soll, wird ihr Ziel nicht erreichen und nur Unzufriedenheit und Zerstörungslust hervorrufen ..."

"Obwohl wir an jede Art von Verfolgung seitens der Regierungsbehörden gewöhnt sind" – so lautet der Protest der Juden aus Wilna – "die in der letzten Zeit das System der Unterdrückung mit dem System der Terrorisierung der Juden verbanden, so können wir doch nicht umhin, unsere tiefste Empörung über einen neuen Anschlag gegen die Interessen unseres Volkes auszudrücken, nämlich über das Projekt, die Juden nicht zu der künftigen Volksvertretung zuzulassen. Noch sind die Gräber unserer Brüder, der Opfer der organisierten Metzeleien von Schitomir, Trojanowka, Minsk und Brest kaum zugeschüttet; und schon erfolgt aus den Reihen der Bureaukratie eine neue Herausforderung nach der andern. Man überantwortet uns Räubern und gedungenen Mördern, dass sie uns in Stücke reißen, und sie erfüllen ihre Aufgabe unter den Augen oder selbst unter Mithilfe einer durch den Offiziellen Judenhass demoralisierten Polizei, des Heeres und vertierter Kosaken. Um dieselbe Zeit werden wir in den Kanzleien geschlagen, im Ministerkomitee der Wirkung des Allerhöchsten Erlasses vom 12. Dezember 1904, der allen Schichten der Bevölkerung Erleichterungen verspricht, entzogen, wir werden in dem Passgesetzentwurf Verbrechern gleichgestellt und im Projekt einer Volksvertretung wird unser sechs Millionen zählendes Kulturvolk noch unter die halbwilden Völkerschaften des östlichen Russlands rangiert. Die Politik der Besänftigung der übrigen unterdrückten Völker wird von einer Politik der Terrorisierung des Judentums abgelöst. Das unsinnige System, das darin besteht, die Juden durch mittelalterliche Verfolgungen zu reizen und zu erbittern, um sich darauf für die Äußerungen ihrer Empörung an ihnen zu rächen, hat jetzt seinen Höhepunkt erreicht. Die innerlich faule Bureaukratie scheint sich das Ziel gesetzt zu haben, den Nachweis zu erbringen, dass die Juden bei der alten Ordnung, welche die Bureaukratie verteidigt, jede Hoffnung auf eine Verbesserung ihres Loses aufgeben müssen, und dass sie dazu verurteilt sind, am Pauperismus [3], der Rechtlosigkeit und den Verfolgungen zu Grunde zu gehen. Dieses Ziel ist vollständig erreicht. Die sechs Millionen russischer Juden haben den Glauben vollkommen eingebüßt, dass es noch möglich ist, die elementarsten Forderungen der Gerechtigkeit durchzusetzen, so lange das alte Regime der Inquisition und der Folter weiter fortbesteht."

Die Juden von Charkow beschließen ihren Protest mit folgenden Worten: "Der fortgeschrittene Teil der russischen Gesellschaft, der nicht aufgehört hat zu wiederholen, dass die Juden jederzeit würdige Kampfgenossen der Russen waren, sind jetzt vor eine Frage von großer prinzipieller Wichtigkeit gestellt: wenn das, was das russische Volk sich durch seinen hartnäckigen Kampf errungen hat, ihm nur unter einer Bedingung von so unzweifelhafter Ungerechtigkeit, die offenbar gegen es selbst gerichtet ist, wie die Ausschließung einer ganzen nationalen Gruppe von fünf bis sechs Millionen Menschen von der Volksvertretung zugestanden wird; kann es dieses Geschenk unter diesen Umständen noch annehmen, oder muss es dasselbe nicht vielmehr als eine seine sittliche Würde verletzende Gabe ausschlagen? Die fortschrittlichen Gruppen der russischen Gesellschaft werden nicht nur vor dem Richterstuhle der Weltgeschichte, sondern auch vor der ganzen modernen Welt, die den Fortgang der russischen Befreiungsbewegung und die Taktik ihrer Kämpfer mit Aufmerksamkeit verfolgt, die sittliche Verantwortung für die Antwort zu tragen haben,

---

[3] Pauper: Person, die der öffentlichen Wohlfahrt bedarf.

Anklagende Zeichnung im US-Magazin „Judge"
Chromolithographie von Emil Flohri, 1904

Bildunterschrift:
"USA an den russischen Zaren:
Stoppt eure grausame Unterdrückung der Juden."

Auf diesem Druck, der nach dem Pogrom von 1903 in Kischinew
entstand, trägt ein "russischer Jude" auf seinem Rücken ein
großes Bündel mit der Aufschrift "Unterdrückung"; an dem Bün-
del hängen Gewichte mit den Aufschriften: "Autokratie", "Raub",
"Grausamkeit", "Betrug", "Mordanschläge" und "Mord".
Im Hintergrund brennen rechts jüdische Häuser.
Oben links Präsident Theodore Roosevelt im Gespräch mit dem
Russischen Zaren, Nikolaus II.:
"Jetzt, wo ihr draußen Frieden habt, warum nehmt ihr ihm nicht
die Lasten ab und habt Frieden innerhalb der Grenzen?"

die sie auf diese Frage erteilen werden."

In demselben Geiste sind auch die übrigen Protestresolutionen abgefasst. Aber die jüdische Opposition begnügt sich nicht mit solchen Protesterklärungen, die in den Zeitungen zum Abdruck kommen.

Auf die Proteste folgen Barrikaden. Der verhöhnte, verachtete, für einen Feigling gehaltene Jude, der angeblich nur ein Streben kennt: das Streben nach Reichtum und Gewinn, er gibt sein Leben freudig am Altare der sozialen Freiheit und für die Vertretung der Rechte des eigenen Volksstammes hin.

Diese aufgeregte, sechs Millionen große Masse, die sich in fortwährender Empörung befindet, protestiert und aus tausend Wunden blutet, sollte, wie mir scheint, bei ihrem Streben, sich aus den Klauen des scheußlichen Despotismus zu befreien, in den zivilisierten Ländern weit mehr Sympathien finden, als es in Wirklichkeit der Fall ist.

Die Menschen in Westeuropa sagen: "Das alles ist bei uns ebenso gewesen. Auch bei uns waren die Juden rechtlos. Dann hat man sie emanzipiert. In Russland wird es genauso gehen." Aber wer so redet, hat nicht die geringste Ahnung weder von der Größe des Kampfes, den die russische Judenschaft jetzt auf ihre Schultern genommen hat, noch von der Rolle, die sie im gegebenen historischen Moment in Russland spielt. Allein in Lodz sind mehr Juden getötet worden, als auf allen westeuropäischen Barrikaden zusammen. Schließlich war die Gleichstellung der Juden in Westeuropa mehr eine logische Folgerung aus der allgemeinen Formel der Gleichheit aller Bürger vor dem Gesetz, als ein Resultat des Kampfes der Juden, den diese aus eigener Verantwortung geführt haben. Was aber die Rolle anbelangt, die das Judentum in der russischen Befreiungsbewegung spielt, so wird vielleicht mancher Russe, der sich in die Lage der Juden versetzt, an die wunderbaren Worte des verstorbenen Philosophen und Propheten Wladimir Solowiew denken: "Die Vorsehung hat nicht umsonst den größten und kräftigsten Teil des jüdischen Volkes in unser Vaterland geführt." Es ist nicht möglich, sich ein vollständiges Bild von der gewaltigen Gärung zu machen, die jetzt in Russland herrscht, ohne wenigstens in den Hauptzügen mit den Schicksalen der Juden in diesem Lande, ihrer materiellen Lage und ihren geistigen Ansprüchen, bekannt zu sein.

Im Gebiet des heutigen Russland lebten schon seit unvordenklichen Zeiten Juden; viele Jahrhunderte vor der Gründung des russischen Reiches. Es existieren historische Dokumente, welche bezeugen, dass auf der Halbinsel Krim schon im ersten Jahrhundert nach Christi Geburt Juden wohnten. So finden sich Synagogensprüche und Grabinschriften auf Steinen, die in der Nähe von Kertsch, Feodossia und anderen Städten entdeckt worden sind. Diese Inschriften reichen bis zum XVIII. Jahrhundert hinauf, sie dienen in Gemeinschaft mit den Zeugnissen der Chronikschreiber und älterer Autoren zum Beweise dafür, dass es auch in der folgenden Zeit immer jüdische Gemeinden in der Krim gegeben hat. Im IX. und X. Jahrhundert n.Chr. bildete das ganze südliche Russland, von der Wolga bis zum Dniepr und vom Schwarzen und Kaspischen Meer bis zur Oka ein einziges großes Reich – das Reich der Chasaren, dessen Könige und herrschende Klassen sich zur mosaischen Lehre bekannten, und deren Einwohner zum Teil geborene Hebräer waren.

Nach der Zerstörung dieses Reiches durch Swjatoslaw im Jahre 969 wird ein Teil der chasarischen Juden dem Kiewschen Russenreiche einverleibt. Im Jahre 987 erwähnt der russische Chronikschreiber, dass chasarische Juden zum heiligen Wladimir kamen und ihn überreden wollten, das Judentum anzunehmen. Im

XI. und XII. Jahrhundert, und wahrscheinlich noch später, nahmen die Juden im alten Kiew einen besonderen Teil der Stadt ("Shidi"– Judenviertel) ein, dessen Tor ("Judentor") sich auf einem Berge neben der "goldenen Pforte" befand. In diese Zeit fallen auch die ersten Judenverfolgungen in Russland. In der lpatiwschen Chronik finden wir unter dem Jahre 1113 Folgendes verzeichnet: "Nach dem Tode Swjatopolks II. riefen die Bürger von Kiew Wladimir Monomach zum Großfürsten aus, aber als er zögerte, dem Rufe Folge zu leisten, brachen in Kiew Unruhen aus und die Kiewer zerstörten den Putjatin Dwor des Oberbefehlshabers, warfen sich auf die Juden und beraubten sie."

Ins moskowitische Reich wurden die Juden überhaupt nicht hineingelassen. Die mit byzantinischen Überlieferungen durchsetzte Kirche und die Staatsgewalt, die noch soeben die rohe Schule der Tataren durchgemacht hatte, waren allem fremdländischen Wesen und jedem fremden Glauben feindlich gesinnt. Dieses galt aber besonders für die Juden. Einzelne Episoden aus der Geschichte des gegenwärtigen Verhältnisses zwischen der moskowitischen Regierung und den Juden, zeigen uns die Unwissenheit und grausame Barbarei der Vorfahren der heutigen Lenker der Judenschicksale in besonders hellem Lichte. Diese unselige Geschichte beginnt mit der Hinrichtung des jüdischen Arztes Leo, der aus Venedig nach Moskau kam und dort wegen einer misslungenen Heilung des ältesten Sohnes des Großfürsten Iwan III. 1490 getötet wurde. Fünfzehn Jahre später wurden unter demselben Großfürsten einige Ketzer verbrannt, die man im Verdacht hatte, dass sie dem jüdischen Glauben anhingen. Auch die Politik Iwans des Schrecklichen zeichnete sich durch eine gewisse Unmittelbarkeit aus: Auf die Anfrage eines Heerführers, der den Polen die Stadt Polotzk entrissen hatte, was er mit den dortigen Juden anfangen solle, anwortete der Zar: "Die Juden soll man taufen und die Widerspenstigen im Fluss Düna ertränken". Unter Peter dem Großen und seinem Nachfolger begannen die Juden massenweise in die an Polen angrenzenden Provinzen Russlands, besonders aber in Kleinrussland einzuwandern. Solange Peter lebte, rührte man sie nicht an, nach seinem Tode aber unter Katharina I. erschien ein Erlaß, dass alle nach Kleinrussland eingewanderten Juden über die Grenze, das heißt nach Polen ausgewiesen werden sollten. Im Jahre 1742 bat der Senat die Kaiserin Elisabeth, die Juden in Anbetracht des Nutzens ihrer Handelstätigkeit zum Handel in Russland zu zulassen. Die Kaiserin aber machte zu dem Berichte folgende Anmerkung: "Von den Feinden Christi wünsche ich keinen Interessenvorteil zu haben." Im Manifest Katharinas II. vom Jahre 1769 werden die Juden schon zugleich mit den anderen Völkerschaften, die das Reich bewohnen, erwähnt, und es wird ihnen das Gebiet von Noworossijsk zur Ansiedlung angewiesen, das damals aus der Statthalterschaft Jekaterinoslaw bestand, der später noch unter derselben Kaiserin das Gebiet Taurien angegliedert wurde.

Nach der Aufteilung Polens (1772-1775) geht die jüdische Bevölkerung dieses Reiches, das sind etwa 900.000 Seelen (nach der Berechnung des polnischen Historikers Czatski), in den Bestand des russischen Staates über. Das ist eigentlich der Moment, mit dem für die russische Regierung die sogenannte Judenfrage entsteht. Im Gesetz vom Jahre 1772, das bei Gelegenheit der Angliederung der polnischen Provinzen veröffentlicht wurde, heißt es, dass "die Juden russische Untertanen mit denselben Rechten wie die anderen Bewohner werden," gleichzeitig wurde verkündet, "dass ein jeder, je nach seinem Beruf und Stand, ohne Ansehen der Person und der Nationalität vor dem Gesetze alle Vorteile und Rechte genießen dürfe". Somit waren die Juden als gleichberechtigte Bürger anerkannt. Aber kaum sind jemals die Verpflichtungen, die eine Regierung ihren Untertanen gegenüber auf sich genommen hat, schlechter erfüllt worden, als im vorliegenden Fall. Das feierliche Manifest über die Gleichberechtigung der Juden wurde von der nachfolgenden Gesetzgebung vollständig ignoriert. Seit den ersten Jahren, die das jüdische Volk unter dem russischen Szepter erlebte, konnte es sich von der vollständigen Nichtachtung überzeugen, welche die russische Regierung gegen die von ihr erlassenen Gesetze und im besonderen gegen die Judengesetzgebung an den Tag legte, eine Tatsache von gewaltiger Bedeutung für die Beurteilung der Rechtmäßigkeit des von der russischen Bureaukratie immerfort gegen die Juden erhobenen Vorwurfs: "sie umgehen das Gesetz". Als der Kaiser Paul im Jahre 1797 erfuhr, dass im Gouvernement Minsk Hungersnot herrsche, erteilte er dem Gouverneur von Minsk, Karnejew, den Befehl, die Adelsmarschälle des Gouvernements zu befragen, nach "den Ursachen der traurigen Lage der Bauern zu forschen und Mittel zur Abstellung derselben ausfindig zu machen".

Es versteht sich von selbst, dass die Adligen des Ortes auch nicht mit einem Worte die Wirkung erwähnten, welche die Leibeigenschaft auf die ökonomische Lage der Bauern ausübte. Die Bauern selbst, ihre Faulheit und Unwissenheit trügen die ganze Schuld, ferner die Priester, die den Bauern für ihre Amtshandlungen unverhältnismäßige Summen abnehmen, vor allem aber die Juden. In einer Denkschrift von Dershawin, der beauftragt war, die Lage der weißrussischen Bauern zu erforschen, ist der Schwerpunkt endgültig in die Stellung der Juden in diesem Gebiete verlegt. Von den 95 Seiten der Denkschrift handeln 80 von den Juden. In den ersten Jahren der Regierung Alexanders I., der für humane Ideen eingenommen war, macht sich die Tendenz bemerkbar, die Juden zu "nützlichen Bürgern" zu machen; es wird anerkannt, dass zu diesem Zwecke Maßregeln ergriffen werden müssen, die geeignet sind, eine Verschmelzung der Juden mit der übrigen Bevölkerung anzubahnen.

Durch das Edikt von 1804 wird festgesetzt, dass die Juden gleich allen anderen russischen Untertanen unter der strengen Obhut des Gesetzes zu stehen haben. Sie erhalten die Erlaubnis, in den weißrussischen, litauischen, kleinrussischen südwestlichen und südlichen Provinzen und ebenso im Kaukasus Land zu erwerben, und es wird den armen Juden gestattet, sich auf Staatsgütern anzusiedeln, wobei sie zehn Jahre lang von der Zahlung der Steuern befreit werden und Anspruch auf Vorschüsse von der Krone haben. Allein fast sogleich nach der Ausgabe dieses Gesetzes trat eine entgegengesetzte Strömung ein, und im Jahre 1807 erfolgte die Verordnung, die Juden im Laufe von drei Jahren in die Städte überzuführen; diese Maßregel ist jedoch nicht zur Ausführung gekommen.

Mit demselben Jahre 1807 beginnen die Juden um Land nachzusuchen, auf dem sie sich ansiedeln könnten. Die Regierung beschloss, die Ansiedler nach dem freien Land in Novorossijsk hinzulenken, und wies 300.000 Rubel zu diesem Zwecke an. In einigen Jahren hatten sich in Novorossijsk 600 Familien mit 3.640 Seelen angesiedelt. Indes die Besiedlung des Landes mit Juden wurde bald unterbrochen, zum Teil weil die Mittel aufgebraucht waren, zum Teil wegen der großen Sterblichkeit der Ansiedler und wegen der geringen Erfolge, die sie nach dem Zeugnis der Obrigkeiten in der Landwirtschaft zu erzielen vermochten.

Die Politik Nikolaus I. in der Judenfrage ist eine seltsame Vereinigung der rohen Unbildung eines Soldaten und der weisen Weitsichtigkeit eines fürstlichen Staatsmannes. Nikolaus hielt es für notwendig, die Juden zur Wehrpflicht heranzuziehen, zugleich aber ließ er die Rekrutenaushebung mit einer bis dahin unerhörten Grausamkeit ausführen; entzog sich jemand der Dienstpflicht, der gerade an der Reihe war, so wurden an seiner Stelle seine minderjährigen Kinder eingezogen und unter die Kantonisten eingereiht, sieben- bis achtjährige Knaben wurden ihren Müttern gewaltsam entrissen und in hundert und tausend Werst entfernte Ortschaften des östlichen Russlands oder nach Sibirien geschleppt. Hier wurden sie scheußlich gequält und gepeinigt, um sie zur Orthodoxie zu bekehren. Die Geschichte hat uns eine ganze Reihe von Beispielen einer wahrhaft heroischen Standhaftigkeit solcher Judenkinder aufbewahrt, die ihren Glauben und ihr Volkstum unter Verhältnissen verteidigten, die selbst im Kampfe gestählten Veteranen der Idee unerträglich erschienen wären.

Im Jahre 1844 wurde ein Gesetz über die Lage der jüdischen Landwirte ausgegeben und in mehreren darauffolgenden Verordnungen Maßregeln angeordnet, die den Juden den Übergang zur Landwirtschaft erleichtern sollten. Gleichzeitig waren in demselben Jahre (1844) die jüdischen Kahale (Gemeindeverwaltungen) aufgehoben worden, deren Wirksamkeit der Absicht der Regierung, die Juden mit der übrigen Bevölkerung zu verschmelzen, nicht entsprach. Zugleich wurden aber neue Beschränkungen in bezug auf das Einwohnungsrecht der Juden eingeführt und die besonderen Abgaben derselben vermehrt. Im Jahre 1850 entstand ein Gesetz über die Karaimen [4] (Karäer), durch das diese aus der allgemeinen Masse der Juden herausgehoben und für vollberechtigte Bürger erklärt wurden; seitdem erstrecken sich die gegen die Juden gerichteten Sondergesetze nicht auf die Karaimen. Die

---

[4] Volk turk-tatarischer Abstammung aus dem Gebiet am Schwarzen Meer, die einer jüdischen Religionsgemeinschaft angehören, die in Opposition zum rabbinischen Judentum (der Hauptströmung) steht.

Juden durften ein wenig aufatmen (wie übrigens auch das ganze russische Volk), als Alexander II. den Thron bestieg.

Nach dem Gesetze vom Jahre 1859 erhielten die Kaufleute der ersten Gilde unter bestimmten Verhältnissen das Recht, sich überall im ganzen Reiche niederzulassen. 1865 wurde es jüdischen Mechanikern, Branntweinbrennern, Bierbrauern und überhaupt allen Meistern und Handwerkern gestattet, außerhalb des Ansiedlungsrayons zu wohnen, doch sollten sie keinem Gewerbeverein angehören dürfen. Im Jahre 1867 erhielten die niederen Militärpersonen außer Dienst, die nach dem Rekrutengesetz beim Militär gedient hatten, dieselben Rechte. Endlich wurden in dem Zeitraum von 1861 bis 1879 den Juden, die eine höhere Lehranstalt beendigt hatten, Apothekergehilfen, Zahnärzten, Feldscherern, Hebammen u.a. das Recht geschenkt, überall in Russand zu wohnen, wobei einige von ihnen zu allen Ressorts des Staatsdienstes Zutritt erhielten. Es erfolgte die Bestimmung, dass die Kinder aller jüdischen Kaufleute und Ehrenbürger in den allgemeinen Lehranstalten aufgenommen werden sollten, und es wurden besondere Stipendien gegründet, um sie zum Unterricht heranzuziehen, Stipendien, die indessen sehr bald wieder aufgehoben wurden. Ebenso wurden die Rechte der Juden auf Erwerbung von Immobilien erweitert; so erhielten sie durch das Gesetz vom Jahre 1862 die Erlaubnis, sich in den westlichen Gouvernements (außer Wilna) Güter zu kaufen. Außerdem eröffnete die neue Land- und Städteordnung den Juden den Zutritt zu der lokalen Selbstverwaltung.

Indessen diese in der Geschichte der russischen Juden einzig dastehende lichte Periode einer relativen Freiheit und eines verhältnismäßigen Wohlstandes sollte nicht lange währen. Das Jahr 1888 begann sogleich mit einer Reihe von Judenverfolgungen. Der erste Fall ereignete sich in Elisawetgrad am 15. April einеinhalb

Monate nach dem Tode Alexanders II. Nach offiziellen Berichten waren in der Stadt Gerüchte verbreitet worden, der Zar habe einen Ukas erlassen, der die Niedermetzelung der Juden gestatte. In den anliegenden Dörfern nahmen sogar die lokalen Behörden an den antisemitischen Unruhen teil, da sie an die Wahrheit des Gerüchts von dem Ukas des Zaren glaubten.

In einzelnen Fällen wurde durch die gerichtliche Untersuchung festgestellt, dass die Bauern aufgehetzt waren, die Juden zu erschlagen, weil sie "den Zaren getötet hätten". Da die Verfolgung auf keinen Widerstand stieß, weder von seiten der höheren noch der niederen lokalen Behörden, so breitete sie sich rasch über ganz Russland aus. Im Laufe der zweiten Hälfte des April und der ersten Maitage fanden Judenverfolgungen statt: in Golt, Kischinew, Berjosowka, Ananiew und Kiew (wo bald nach dem 1. März das Gerücht verbreitet wurde, dass die Juden an der Ermordung des Kaisers schuld wären) in zweiundvierzig Dörfern des Kiewschen Bezirks, in der Stadt Wassilkow, in Schmerinka, in Konotop, in Smela, in Odessa, in Nikolajew, in Aleksandrowsk, auf der Station Losow, in der Stadt Orechow und in Romni, von wo aus sich die Metzeleien über alle Dörfer der Umgegend verbreiteten. Nach einer kurzen Unterbrechung erneuerten sich die Judenverfolgungen im Sommer desselben Jahres in der Stadt Perejaslawl und Neschin, in den Flecken Borispol, Beresowki, Woronkowo und den benachbarten Dörfern. Im Winter kam es zu Unruhen in Odessa und Warschau. Im Frühjahr des Jahres 1882 erneuerten sich die Metzeleien in Ananjew, Balta, Wissunsk, Letitschew, Melibosch, Neu Praga, Gombin, Ekaterinoslaw und in vielen Ortschaften.

Diese Epidemie der Verfolgungen, die ununterbrochen fortdauerte, solange der Graf Ignatjew Minister des Innern war, hörte sofort auf, als der Graf Tolstoi Chef dieses Ministeriums wurde. Braucht es da noch deutlicherer Beweise, dass die Hauptschuld an den Judenverfolgungen in Russland auf die Regierung selbst fällt? Der Graf Ignatjew ergriff nicht nur keine Maßnahmen, um den Pöbel zu zügeln, sondern seine ganze Tätigkeit musste die Behörden der Provinz in dem Glauben bestärken, dass sie gegen die wahren Intentionen der Regierung verstoßen würden, wenn sie den Juden zu Hilfe eilten. Während auf den Straßen jüdisches Blut dahinströmte und die im Verlaufe von Jahren in harter Arbeit ersparte Habe vernichtet wurde – um dieselbe Zeit wurden in den Kanzleien der Regierung allerhand elende Projekte zur Beschränkung der Juden ausgearbeitet. In seinem Zirkular an die Provinzialkommissionen, die dazu eingesetzt waren, "um die Höhe des Schadens zu erforschen, der durch die Juden auf allen Gebieten des wirtschaftlichen und gesellschaftlichen Lebens erzeugt wird", wies Ignatjew unter anderem auch darauf hin, dass "die Juden nicht etwa ihre Bestrebungen vereint darauf richten, die produktiven Kräfte des Staates zu vergrößern, sondern allein bemüht sind, die angestammte Bevölkerung und besonders die ärmsten Klassen auszubeuten, wodurch sie diese zu einem Protest veranlasst haben, der leider die bedauerliche Form von Gewalttätigkeiten angenommen hat". In dem von Sklavengesinnung erfüllten Russland ist ein solcher Hinweis mehr als ausreichend, damit in den lokalen Kommissionen die allerphantastischsten Projekte zur Ausrottung eines der Obrigkeit so verhassten Volksstammes ausgebrütet werden.

Ignatjew musste bald darauf seinen Posten verlassen, aber das Erbe, das er in der Gestalt des "provisorischen Reglements für das Jahr 1882" zurückließ und das den Juden untersagte, sich, selbst im Gebiete des Ansiedlungsrayons, außerhalb der Städte und Flecken niederzulassen und Land zu pachten, lastet noch heute [1906] drückend auf den Juden. Im Jahre 1883 wurde eine hohe

Kommission unter dem Vorsitz des Grafen Pahlen [5] zur Revision der Judengesetzgebung gebildet. Diese Kommission, die über ein sehr großes Material verfügte, sprach sich wider Erwarten des Kaisers Alexander III. für eine Erweiterung der Rechte des jüdischen Volkes und – o Schrecken! – sogar für eine allmähliche Gleichstellung der Juden mit den anderen Reichsuntertanen aus. Bei einer gewissenhaften Prüfung der wirklichen Sachlage zeigte es sich, dass die überwiegende Mehrheit der Juden aus armen Handwerkern und kleinen Händlern besteht, die ein armseliges Dasein von der Hand in den Mund fristen, dass es unter ihnen sehr wenig reiche Kapitalisten gibt, dass die Redensarten von der Ausbeutung der angestammten Bevölkerung im allgemeinen nur Unsinn sind, dass in den russischcn Gouvernements, wo es überhaupt keine Juden gibt, der Wucher, die Trunksucht und sogar die Falschmünzerei viel weiter verbreitet sind, als im Ansiedlungsrayon, dass überhaupt unter den Juden weit weniger Verbrechen vorkommen, als bei der Stammbevölkerung usw. Die von der Kommission sehr ausführlich motivierten Beschlüsse, die sich auf unanfechtbare statistische Daten stützten, wurden vom Kaiser verworfen. Die Kommission wurde geschlossen und in der Ausgabe beschränkender Gesetze fortgefahren.

Im Jahre 1886 und 1887 wird die Aufnahme von Juden in die höheren und mittleren Lehranstalten eingeschränkt, im Jahre 1887 den Juden, welche das Reglement vom 3. Mai 1882 in den Dörfern traf, der Übergang aus einem Dorf in das anderc verboten. Im Jahre 1888 wird ihnen die Reise nach Finnland und eine Ansiedlung daselbst untersagt. In dem folgenden Jahre 1889 wird ihre Aufnahme in den Advokatenstand beschränkt. Weiterhin fol-

---

[3] Konstantin Iwanowitsch von der Pahlen (1830-1912); aus kurländischer Familie stammend; russischer Justizminister und anschließend als "Justizkanzler" mit Reform-Vorschlägen zum Justizwesen beauftragt.

gen Gesetze, welche den Juden den Aufenthalt in der Stadt und im Gouvernement Moskau und im Gebiete von Twer und Kuban schwerer machen, ferner wird es ihnen erschwert an Aktiengesellschaften und in der Naphtaindustrie, sowie an der städtischen Selbstverwaltung teilzunehmen; von den Semstwos [6] werden sie völlig ausgeschlossen. Endlich ergeht im Jahre 1903 das Verbot, im Namen von Juden oder zu ihren Gunsten Immobilien zu erwerben, die außerhalb der Städte gelegen sind.

Ich zitiere diese trockene Aufzählung der Beschränkungen nach den Protokollen des Ministerkomitees über den Punkt VII des Allerhöchsten Erlasses vom 12. Dezember 1904.

Das Ministerkomitee kommt heute gleichfalls zu dem Schlusse, dass die russische Judengesetzgebung unzulänglich ist, aber den einzigen Mangel, den sie in dieser Gesetzgebung entdeckt, ist ihr beständiges – "Schwanken".

Also, wenn der Gesetzgeber dem System der Unterdrückung und Ausrottung der Juden immer treu geblieben wäre – wie herrlich müssten da die Früchte sein! Das Ministerkomitee kommt nicht einmal auf den Gedanken, dass die russische Judengesetzgebung ein himmelschreiender Verstoß gegen die elementarsten Rechte der Persönlichkeit, eine Missachtung aller Forderungen der Moral und der grundlegenden Gesetze menschlichen Zusammenlebens bedeutet. Es fehlt auch völlig das Bewusstsein, dass der Staat keine Folterkammer, sondern ein Rechtsinstitut sein muss, dessen Zweck das allgemeine Wohl aller Bürger ist.

Wenn dieses Bewusstsein in den höchsten Kreisen fehlt, was kann man da von den mittleren und besonders von den niederen Beamten verlangen. Das oben zitierte trockene Beispiel gesetzli-

---

[6] Landtag, Landschaftsvertretung: Lokale Selbstverwaltung im Russischen Reich.

cher Beschränkungen gibt indes noch kein vollständiges Bild von der rechtlichen Lage der Juden.

So grausam auch "das provisorische Reglement vom Jahre 1882" in seiner gesetzlichen Formulierung ist, die Praxis, die von einer käuflichen und grausamen Beamtenschaft reguliert wurde, ging noch über das Gesetz hinaus. So kam z.B. die Klage eines Juden vor den Senat, weil man ihm nicht erlauben wollte, in das Haus seiner erkrankten Großmutter zu ziehen, die seiner Pflege bedurfte, weil das Haus der Großmutter in einem andern Dorfe lag, das etwa 140 Meter von dem Wohnorte des Juden entfernt war. Ebenso gelangten Klagen wegen Vertreibung von Juden aus ihren Häusern vor den Senat, weil ein Teil dieser Häuser über die Grenzlinie der Stadt hinausragte. Einzelne Bezirksausschüsse griffen dazu, Marktflecken in Dörfer zu verwandeln, was eine durchgängige Auswanderung aller Juden zur Folge hatte, die sich nach dem 3. Mai 1882 an diesen Plätzen niedergelassen hatten. Endlich kamen Fälle vor, wo die Polizei in ihrem brutalen Diensteifer, das "provisorische Reglement" aufs pünktlichste durchzuführen, so weit ging, die L e i c h e n   v e r s t o r b e n e r   J u d e n   a u s z u -
g r a b e n ,   d i e   j e n s e i t s   v o n   d e r   S t a d t g r e n z e   b e -
g r a b e n   l a g e n .

Nicht weniger Prüfungen hatten durch die wiederkehrende Reaktion die Kategorien von Juden zu überstehen, die durch die Gesetze Alexanders II. das Recht erhalten hatten, im ganzen Reiche zu wohnen. Die zahlreichsten unter diesen Kategorien waren die Handwerker. Auf diese stürzte sich die Obrigkeit zu allererst. Zuerst erwies es sich, dass die Mehrzahl dieser Handwerker gar keine Handwerker, sondern Gott weiß was waren. Maler, Tintenfabrikanten, Verfertiger von Stiefelwichse, die mit Holzabfällen Handeltreibenden usw., Menschen, die viele Jahre hindurch mit ihren Frauen und Kindern von diesem Gewerbe lebten, wurden durch einen Federstrich aller Existenzmittel beraubt und gezwungen, an den Ort zurückzukehren, wo sie als wohnhaft angemeldet waren, wodurch sie das an sich schon so große Proletariat des Ansiedlungsrayons durch ihren Zuzug noch vermehrten. Als ein andres Mittel "der Ausrottung" der Handwerker jenseits vom Ansiedlungsrayon erwies sich die Schikaniererei, mit der man die jüdischen Handwerker wegen ihrer Pässe und sonstigen Papiere verfolgte. In der Stadt Oranienhaum lebte viele Jahre hindurch ruhig und friedlich ein Schneider mit Namen Kagan, der Uniformen anfertigte; unter andern sogar für die Polizeibeamten und selbst für den Polizeimeister. Die Abrechnungen zwischen den Vertretern der Polizeigewalt und dem Schneider wegen der angefertigten Uniformen gaben offenbar den Anlass zu allerhand Misshelligkeiten und juristischen Zweifeln. Es zeigte sich, dass Kagan nur ein Zeugnis besaß, das ihn als Handwerkergehilfen oder als zu einem "einfachen Handwerk" gehörig auswies und dass er nicht im Besitz eines Diploms vom Gewerbeamt war. Von da ab interessierte sich niemand mehr dafür, dass Kagan wirklich Uniformen nähen konnte und dass es keinen andern Schneider in Oranienbaum gab. Auf Anordnung der Ortspolizei und weiterhin der Provinzialregierung musste Kagan die Stadt mit seiner zahlreichen Familie sofort verlassen.

Wie viel Elend brachte ferner der unglückliche Paragraph 1171 des Strafgesetzbuches über die jüdischen Handwerker! Dieser Paragraph lautet: "Ein Jude, der außerhalb des Distrikts, wo es ihm erlaubt ist, sich aufzuhalten, Handel treibt, ist sofort nach dem Ansiedlungsrayon auszuweisen; die Waren, mit denen er handelt, sind zu konfiszieren." Es kamen Fälle vor, wo ein jüdischer Uhrmacher für den Verkauf von Uhrschlüsseln, die zwar von einem Uhrmachermeister, aber nicht von ihm selbst hergestellt waren, ausgewiesen und seine Ware konfisziert wurde. In Kiew beschäftigten sich einige Handwerkerfrauen damit, auf dem Markt Milch zu verkaufen, um durch den Ertrag ihres Handels die armseligen Einkünfte ihrer Männer zu ergänzen. Es erwies sich, dass diese Frauen ein Verbrechen begingen, gegen sie wurde eine Anklage auf Grund des Paragraph 1171 erhoben, die die Ausweisung aus Kiew und die Trennung der Mütter von ihren Männern und Kindern zur Folge hatte. Die unglücklichen Frauen appellierten an das Ministerium und den Senat, aber wer weiß denn nicht, dass unsere russischen Beamten sich in gewissen Fällen unbeugsam an den Buchstaben des Gesetzes halten. Die Berufung dieser Frauen hatte natürlich keinen Erfolg. Die Ausweisungen wurden mit außerordentlicher Grausamkeit durchgeführt. Einer meiner russischen Freunde erzählt mir, dass er Zeuge des folgenden Vorganges war. Ein Hüne von einem Schutzmann führt einen alten Juden an einem Strick, der dem letzteren um den Hals gebunden war; hin und wieder bleibt der Schutzmann stehen und "muntert" den gequälten Greis mit auserlesenen Schimpfworten und Rückenstößen auf. "Warum schlägst du ihn?" fragte mein Freund. "Ew. Gnaden, das ist ein Jude, der sich widerrechtlich in diesem Dorfe aufhält." Dieser Schutzmann, der einen Juden an der Leine führt, kann als Symbol des Verhaltens der russischen Regierung gegen das jüdische Volk dienen.

Die Polizei in Kiew, die in der Nacht in den jüdischen Wohnungen besondere Treibjagden veranstaltet, hat sich durch ihre Grausamkeit gegen die Juden besonders berühmt gemacht. Zwischen ein und zwei Uhr nachts ertönt ein starkes und ungeduldiges Klopfen. Die Polizei dringt in die Wohnung und unterzieht die Schlafenden in roher Weise einer Untersuchung, ohne im geringsten Rücksicht auf ihr Geschlecht und Alter zu nehmen. Wenn dann einer der Insassen nicht sofort sein Recht zum Aufenthalt in Kiew nachzuweisen vermag, so wird er stracks nach der

Polizeistation geschleppt. Seinerzeit verzeichneten die Zeitungen folgenden Fall aus der Kiewer Polizeipraxis: Einst wurde eine Wohnung, in der mehrere Juden übernachteten, die kein Recht zum Aufenthalt in Kiew hatten, in der Nacht überfallen. Um die Polizei hinters Licht zu führen, brauchten die Juden folgende List. Sie zogen einem Mädchen ein Leichenkleid an und legten sie auf den Tisch, mit der Weisung, sich tot zu stellen. Sie selber umringten sie mit Gebetbüchern in der Hand und begannen laut zu beten. In diesem Augenblick betrat die Polizei das Zimmer. Nachdem die Polizisten die angeblich Gestorbene mit strengen Blicken gemustert hatten, zogen sie sich zurück. Die Juden jubelten, aber ihr Jubeln verwandelte sich sehr bald in den Jammer der Verzweiflung: Das Mädchen verstellte sich nicht mehr, es war wirklich gestorben.

Indessen all diese Grausamkeiten verblassen vor den Moskauer Brutalitäten von 1891 und 1892. Mit einem Federstrich wurde vielen Tausenden von Juden, die sich·in Moskau niedergelassen hatten, das Recht zu einem weiteren Aufenthalt in dieser Stadt entzogen, sie wurden gezwungen, die Stadt zu verlassen und mit Weib und Kind in die unbestimmte Ferne zu ziehen. Die Initiative und Ausführung dieser Verordnung gehörte dem Moskauer Generalgouverneur, dem Großfürsten Sergius Alexandrowitsch. Eine der ersten Neuerungen, die der Großfürst einführte, war die Schließung der Synagoge, die erst kurz vorher erbaut, in der aber noch kein Gottesdienst abgehalten worden war. Die jüdische Gemeinde erhielt folgenden Befehl durch die Polizei zugestellt: "Da am 14./26. Juli 1892 die letzte Frist für die Juden abläuft, die Moskau verlassen müssen, und alsdann nur eine ganz verschwindende Zahl Juden in Moskau zurückbleibt, so ist es nicht nötig, dass eine besondere Synagoge für sie beibehalten werde.

Und da die erbaute Synagoge bis zu diesem Tag nicht eröffnet worden ist, und das Bestehen einer Synagoge in Moskau als eine 'anstößige' Sache betrachtet werden kann, hat der Generalgouverneur von Moskau, Se. Kaiserliche Hoheit Fürst Sergius, im Einverständnis mit dem Minister des Innern es für angezeigt erachtet, den Leuten jüdischen Glaubens, die die oben erwähnte Synagoge errichten ließen, mitzuteilen, dass sie bis zum 1. Januar 1893 das Gebäude in eine Wohltätigkeitsanstalt umzugestalten oder zu verkaufen hätten." Es begannen Ausweisungen von Juden. Die nicht selbst die Mittel hatten, Moskau zu verlassen, wurden per Etappe zugleich mit Arrestanten und Sträflingen und in Ketten abgefertigt. Übrigens wurden sie manchmal noch schlechter

Betender Jude mit
Gebetsumhang Tallit und Gebetsriemen Tefillin.

behandelt als Sträflinge. Im Anfang des Januars 1892 war die Deportation von Sträflingen wegen der großen Kälte eingestellt worden. Am 14·Januar sollte ein großer Trupp von einigen hundert Juden, unter denen sich noch ganz kleine Kinder befanden, Moskau verlassen. Die Kälte erreichte an diesem Tage 32 Grad Reaumur [- 40°C]. Die Juden wandten sich mit der Bitte an die Obrigkeit, die Abreise bis zum Eintritt einer milderen Witterung aufschieben zu dürfen. Die Bitte der Juden wurde jedoch überhaupt nicht beachtet, sie mussten alle an dem bestimmten Tage abreisen, und wie zum Hohn dieser Unglücklichen kam dann, nachdem sie Moskau längst verlassen hatten, die Erlaubnis zum Aufschub der Reise. Noch viele Moskoviter erinnern sich daran, wie einst in einem Vorort "Marjina Roschtscha" Juden misshandelt wurden. Hier lebten etwa 400 jüdische Familien, die 2.400 Köpfe zählten. In der Nacht umringten Kosaken den Ort, drangen in die Wohnungen der Juden ein und begannen alles hinaus zu schleudern: die Bewohner zugleich mit ihrem Besitz. Barfuß, bloß mit einem Hemde bekleidet, flohen die Juden vor den Kosakenpeitschen auf die nahegelegenen Friedhöfe. Am anderen Tage wurde neben einem der Gräber eine Frau mit einem toten Kinde in bewusstlosem Zustande aufgefunden. Sie hatte das Kind in derselben Nacht zur Welt gebracht. Der Name dieser Frau war: Epstein. Näheres über diesen und andere Fälle kann der Leser in dem offiziellen Bericht der Herren Weber und Kampster finden, die von der amerikanischen Regierung zur Untersuchung der Lage der russischen Juden nach Russland geschickt wurden (Seite 59 und 60 des Berichtes). Moskau war von Juden gesäubert. Nach einiger Zeit erhielt der Generalgouverneur ein Bittgesuch folgenden Inhalts, das von fünfzig der bedeutendsten Vertreter der Moskauer Manufaktur unterschrieben war: "Die Stockung der Geschäfte in den Manufakturen von Moskau ist durch den Abzug der Juden hervorgerufen, die die Hauptkäufer der Produkte moskowitischer

Industrie waren. In den früheren Jahren kauften die moskowitischen Juden daselbst fabrizierte Gegenstände für jährlich mehr als hundert Millionen Rubel. Diese Gegenstände wurden dank der kommerziellen Tätigkeit der Juden, hauptsächlich nach den südlichen und westlichen Provinzen Russlands entsandt und konnten es mit der Konkurrenz der Fabriken an der Weichsel aufnehmen. Diese für den russischen Handel so günstigen Bedingungen sind jetzt durch die Ausweisung der Juden Moskaus und durch die Hindernisse und Erschwerungsmaßregeln, denen ihr Aufenthalt in Moskau unterworfen ist, zerstört."

Aber selbst so grobe Nützlichkeitserwägungen hatten keinen Einfluss auf die Moskauer Regierung. Die Erinnerung an den Großfürsten Sergius Alexandrowitsch wird auch heute noch in Moskau heilig gehalten.

Auch heute noch existiert eine Verordnung, der gemäß ein Schutzmann, der einen Juden auf der Straße einfängt, fünf Rubel Belohnung bekommt. Vor kurzem kam es einem hochgeachteten Juden, der aus Nischni Nowgorod über Moskau nach Smorgan [7] reiste, in den Sinn, zu Fuß von einem Bahnhof nach dem andern zu gehen, um sich "Moskau" anzusehen. Seine Physiognomie war jedoch so charakteristisch, dass einer der ersten Schutzleute, denen er begegnete, ihn ergriff und nach der Polizei führte. Vergeblich berief sich der Jude auf seine Eisenbahnfahrkarte, die direkt von Nischni Nowgorod nach Smorgan lautete. Dem Schutzmann lag jedoch nichts daran, ihn wieder frei zu geben.

Selbst die Frauen der im Kriege [8] verwundeten jüdischen Soldaten dürfen nicht nach Moskau kommen, wenn ihre Männer

---

[7] Auch Smargon oder Smarhon: Jüdisches Zentrum in Belarus, Bezirk Grodno (Hrodna).
[8] Russisch-japanischer Krieg 1904/05

dort krank im Lazarett liegen. Die Verwundeten selber aber werden, sowie sie nur die Fähigkeit haben, sich ein wenig zu bewegen, sofort und ohne dass ihnen jemand dabei behilflich ist, aus Moskau abgeschoben.

Wenn die Regierung noch wenigstens darin eine Rechtfertigung fände, dass die jüdischen Soldaten ihre Pflichten nicht erfüllen, es ist aber merkwürdig, dass trotz aller Bemühungen der Obrigkeit und der antisemitischen Presse, die Sünden der Juden ans Licht zu bringen, im Verlauf dieses ganzen langen Krieges auch nicht ein Fall aufgewiesen werden konnte, wo ein Jude sich unkorrekt benommen hätte, und doch waren in der Armee mindestens 40.000 Juden. Für die Schmach der russischen Flotte [9] kann man die Juden am allerwenigsten verantwortlich machen, da ja Juden nicht in die Flotte aufgenommen werden. In den Kämpfen zu Lande dagegen ist die Tapferkeit der jüdischen Soldaten und Ärzte, deren es einen großen Prozentsatz in der Armee gibt, schon oft offiziell bestätigt worden, und das geschieht unter Verhältnissen, wo keine Heldentat einem Juden auch nur den Unteroffiziersrang verschaffen kann, wo die Mandschurei, um die ja der Krieg entbrannte, von dem Augenblick ihrer Besetzung durch die Russen für ein Land erklärt wurde, das den Juden verschlossen sein sollte.

Auf dem Gebiete der Bildung begegnen wir denselben eigentümlichen Zügen der russischen Gesetzgebung und der russischen Verwaltungspraxis, nämlich stumpfer Unwissenheit und wütendem Hass gegen die Juden. Wenn es in allen Ländern der Erdoberfläche als Aufgabe der Regierung erscheint, für die Bildung der Massen zu sorgen, so begegnen wir in Russland vielmehr Bestrebungen, die dieser Aufgabe diametral entgegengesetzt sind. Die Regierung sorgt nicht nur keineswegs für die Bildung der

---

[9] In der Seeschlacht von Tsushima im Mai 1905

Juden, sondern sie strebt ganz offen danach, ihnen alle Bildungs-quellen zu entziehen. Ein charakteristisches Beispiel dieser Schul-politik in ihrer ganzen widerwärtigen Nacktheit ist die Schließung der Handwerkerschule in der Stadt Schitomir, die im Jahre 1884 erfolgte. Diese Schule war 1861 gegründet und die einzige im gan-zen Gouvernement Wolynien, aus der gebildete Handwerker her-vorgingen. Die Schule wurde ausschließlich aus jüdischen Mitteln und ohne jede Unterstützung des Staates erhalten. 1884 wurde diese Schule, nachdem sie 23 Jahre friedlich und zum allgemei-nen Nutzen existiert hatte, ganz unerwartet geschlossen, wobei als einziges Motiv für ihre Schließung die Erwägung diente: "Da in den Städten und Marktflecken der südwestlichen Provinzen die Juden die Mehrheit aller Handwerker ausmachen und da sie der Entwicklung des Handwerkes innerhalb der Urbevölkerung, die von ihnen ausgebeutet werde, im Wege stehen, so erscheint eine besondere jüdische Handwerkerschule bei dem Mangel einer ähnlichen Schule für die Christen nur noch als ein Werkzeug mehr in der Hand der Juden, um die angestammte Bevölkerung der Provinzen auszubeuten."

Selbst wenn man das Handwerk als Ausbeutung (!) ansieht, so scheint es doch vernünftiger zu sein, lieber noch eine christliche Handwerkerschule zu gründen, als die einzige jüdische Schule der Provinz, die der Regierung gar keine Sorgen machte und keinerlei Anforderungen an den Staatsschatz stellte, zu unterdrücken.

Durch die Gesetze des Jahres 1886 und 1887 wurde die Zahl der Juden in den mittleren und höheren Schulen auf einen be-stimmten Prozentsatz von der Gesamtzahl der Lernenden be-schränkt. Im Ansiedelungsrayon bilden die Juden die überwie-gende Zahl der städtischen Bevölkerung. Außerdem ist das russi-sche Kleinbürgertum bis auf den heutigen Tag noch nicht von der Überzeugung von der Notwendigkeit der Bildung durch-

drungen. Das Resultat davon ist, dass in vielen Städten des Ansiedelungsrayons die Gymnasien leer stehen, während die Juden
vergeblich an die Türen dieser Lehranstalten klopfen. Dasselbe
konnte man in der Universität Odessa beobachten. Da der großen
Masse der jüdischen Kinder der Zutritt zu den staatlichen Lehranstalten unmöglich gemacht ist, so entstand unter den Juden das
Bestreben, Schulen aus eigenen Mitteln zu gründen, aber auch die
Einrichtung solcher Schulen wird davon abhängig gemacht, ob
die Gründer bereit sind, in die Statuten Beschränkungen für die
jüdischen Kinder aufzunehmen. Es ist beinahe so, als ob die
Regierung zu den Juden sagte: "Wir sind ja bereit, euren Kindern
eine gewisse Bildung auf eure eigenen Kosten zuzugestehen, aber
nur unter der Bedingung, dass ihr gleichzeitig eine weit größere

Unterricht im Cheder (Zimmer), der religiös geprägten
Elementarschule.

Anzahl von christlichen Kindern in Erziehung nehmt."

Die beschränkenden Gesetze hatten dazu geführt, dass in die Schulen nur noch Kinder sehr reicher Juden aufgenommen werden können, die Geld genug haben, um die Spitzen der Schulverwaltung zu bestechen. Es ist ein unerträglicher Schmerz, die armen Kinder in Tränen zu sehen, weil sie ein so gutes Examen bestanden und dennoch nicht aufgenommen, sondern abgewiesen werden. Warum?! Wut und Empörung über diese abscheuliche Ungerechtigkeit entsteht in dem Herzen des zehnjährigen Knaben, und diese Gefühle wachsen und erstarken, indem sie die ganze Seele des Juden mit einem brennenden Hass gegen das bestehende Regime erfüllen. Kaum besser ergeht es den Glücklichen, welche im Gymnasium Aufnahme finden. Von den ersten Tagen ihres Aufenthaltes in der Lehranstalt sind sie der Gegenstand eines idiotischen Gespöttes, nicht nur seitens ihrer christlichen Kameraden, sondern auch der Lehrer und selbst der Lehrbücher, die die Billigung des gelehrten Komitees, des Ministeriums für Volksaufklärung finden.

Der Historiker Ilowaiski [10] charakterisiert die Juden folgendermaßen: "Dieser unternehmungslustige und sich rasch vermehrende Volksstamm hat sich über alle Städte und Ortschaften des westlichen Russlands verbreitet. In seiner Eigenschaft als Wucherer, Schankwirt, Zwischenhändler, Steuerpächter hat der Jude nicht wenig zur Verarmung und Unterdrückung des Bauernstandes beigetragen. Die polnische Aristokratie hat die Juden noch protegiert. Sie litt immer an einem Mangel an Geld, um ihre Luxusbedürfnisse zu befriedigen, und sie fand es bei den Juden, denen sie es ihrerseits überließ, die notwendigen Steuern von ihren Bau-

---

[10] Dmitri Iwanowitsch Ilowaiski (1832-1920) war ein russischer Historiker und Publizist, Verfasser eines "Lehrbuches für Geschichte" für Gymnasien.

ern zu erheben. Mit der Angliederung der polnischen Provinzen erbt Russland diesen Volksstamm, der noch immer nicht nachgewiesen hat, dass er nicht christliche Säuglinge raubt; jetzt übt dieses Volk einen besonders verderblichen Einfluss auf die Kleinrussen aus. Die jüdische Masse lastet nicht nur wie eine schwere Bürde auf den Produzenten, sie übt einen noch gefährlicheren Einfluss auf die Entwicklung der Volkssittlichkeit aus." Die Juden also sind es, welche die Unsittlichkeit verbreiten – bei ihrer absoluten Nüchternheit, ihrem Widerwillen gegen jede Art von Gewalttätigkeit und bei der bewunderungswürdigen Reinheit ihrer Familiensitten. Der Verfasser des sehr verbreiteten Lehrbuches der Geographie, Lebedew, äußert sich folgendermaßen über die Juden:

"Da die Juden sehr zahlreich sind, haben sie den ganzen Handel und das ganze Geld der südwestlichen Provinzen und Polens in ihre Hände gebracht. Die Gutsbesitzer und die Bauern sind immer in ihrer Schuld. Kommt jemand in die Stadt, so drängt sich sofort irgend ein Jude an ihn heran, der es stets dahin zu bringen weiß, dass der Ankömmling ihm einen Auftrag zum Kauf oder Verkauf gibt. Der Jude fährt im Wagen des Bauern nach der Stadt oder auf den Markt und verkauft daselbst vor seinen Augen die Ware doppelt so teuer, als er sie gekauft hat, und sucht ihm außerdem noch bei der Abrechnung die letzte Kopeke abzunehmen. Somit leben die Juden, die selbst ein völlig unproduktives Volk sind, von der Arbeit der Landwirte, der Bauern und der Stadtbewohner und werden so ein Hemmnis in der Entwicklung der Provinz."
(Lehrbuch der Geographie von Lebedew, S.157).

Nach dem Zeugnis des russischen Pädagogen Petrischtschew klärte sein Religionslehrer die christlichen Knaben folgendermaßen über die Juden auf: "Das Gesetz der Juden," sagte er während des Unterrichts, "schreibt ihnen vor, das Volk, unter dem sie wohnen, zu schwächen und auszusaugen, und sie sind auch bestrebt, dieses nach einem von der jüdischen Gemeindeverwaltung ausgearbeiteten Plan auszuführen. Das gemeine Volk verleiten sie zur Trunksucht, sie verbreiten allerhand Laster und halten es davon ab, Sonntags in die Kirche zu gehen, indem sie es zum Branntwein verführen. Hier besteht ein bewusster Plan, die geistigen Kräfte der Orthodoxie zu untergraben. So verhalten sie sich gegen das einfache Volk. Innerhalb der gebildeten Klassen säen sie den Atheismus, Nihilismus und Sozialismus. Offenbar schreibt ihnen die Gemeinde vor, die begabtesten, befähigtsten und talentvollsten unter den jungen Russen zu verführen. Sowie die Juden einen russischen Jüngling von reichen Anlagen entdecken, suchen sie ihn auf jede Weise zu verderben und zum Verbrechen zu verleiten. Der Jüngling kommt natürlich ins Gefängnis und geht da zu Grunde. Das aber ist es gerade, was die Juden brauchen. Es ist schrecklich, schon siebzig Jahre lang vernichten sie so die Blüte der russischen Jugend! Die Gemeindeverwaltung sagt gleichsam: Wartet nur, wir wollen erst einmal die besten unter dem russischen Volk zu Grunde richten, dann wird Russland ein jüdisches Reich werden." (Ath. Petritschtschew, "Aufzeichnungen eines Lehrers" 1905, S. 329)·

In diesem Geiste wird die russische Jugend erzogen, und es ist schwer zu sagen, bis zu welch einem Grade geistiger Verkrüppelung und Menschenfeindlichkeit diese Jugend gelangen müsste, wenn die Schule nicht ein Gegengewicht in dem humanen Einfluss der großen russischen Literatur fände. Danach kann man sich die Lage der jüdischen Schüler in dieser Schule leicht vorstellen. "Unter meinen Kollegen im Lehramt," sagt derselbe Petritschtschew, "waren Lehrer, die Schimpfworte wie 'Judenmaul' oder 'armenische Fratze' ganz unwillkürlich wie eine gewohnte Redensart gebrauchten." Es finden sich unter den Pädagogen auch solche Subjekte, für die das Quälen jüdischer Kinder die liebste Beschäftigung ist. "Judenjunge, welches ist dein Vaterland?" fragt so ein Inquisitor einen jüdischen Knaben. "Russland", antwortete der Knabe weinend. "Du lügst, du hast kein Vaterland." Vom Horneier Prozeß erzählt der Zeuge Dr. Alexandrow folgenden Fall, der sich im Mädchengymnasium des Ortes ereignet hat. Ein Mädchen hatte ihren Strickbeutel verloren, daraufhin befahl die Schulbehörde, die Taschen aller Jüdinnen und nur der Jüdinnen zu durchsuchen. Der Strickbeutel war, wie sich später herausstellte, überhaupt nicht gestohlen, die Besitzerin fand ihn bei sich zu Haus. Unlängst gab eine jüdische Gymnasiastin aus der obersten Klasse, die das Gespött der Klassenlehrerin nicht mehr ertragen konnte, dieser eine Ohrfeige; natürlich wurde sie sofort relegiert. Übrigens kann ein jüdischer Gymnasiast selbst bei der größten Unterwürfigkeit niemals sicher sein, dass es ihm gelingen wird, das Gymnasium glücklich zu absolvieren; es gibt eine unendliche Menge von Anlässen, um einen Juden auszuschließen. In dem Jekaterinoslawschen Realgymnasium sollten einige christliche Schüler exmittiert werden, weil sie ihr Schulgeld nicht bezahlt hatten. Die Schulbehörde erklärte, dass man infolgedessen zugleich einen oder zwei Juden werde ausschließen müssen, da andernfalls die Norm des Prozentsatzes nicht eingehalten bliebe. Die erschrockenen Väter der jüdischen Schüler beeilten sich, die nötige Summe zu sammeln, um das Schulgeld für die ausgeschlossenen christlichen Schüler zu bezahlen.

Gegen Ende der achtziger Jahre begann der Antisemitismus auch die russischen Gerichte zu beeinflussen. Auch diese schönste und edelste Schöpfung der sechziger Jahre verwandelt sich allmählich in einen Hauptherd des Antisemitismus, wie dies bei allen übrigen staatlichen russischen Institutionen der Fall war. Im Jahre 1889 wurde dem russischen Justizminister das ausschließliche Recht eingeräumt, über die Zulassung der Juden zur Advokatur selbständig zu entscheiden, und bis zum Abgange Murawiews ist nicht einem einzigen Juden diese Erlaubnis erteilt worden. Weder wissenschaftliche Verdienste noch hervorragendes Talent konnten einem Juden den Zugang zur Justizkarriere eröffnen, trotzdem die wenigen Juden, die noch aus der Zeit der sechziger und siebziger Jahre im Justizressort beschäftigt waren, die allgemeine Achtung genossen und obwohl auf dem Gebiete der Advokatur eine Reihe hochbegabter Juden hervorgetreten waren.

Mit einem Worte, die russische Staatsmaschine war nur von einer Tendenz und einem Streben beherrscht, nämlich den Juden das Leben in Russland unmöglich zu machen.

In diesem Bestreben fand die russische Regierung eine wirksame Unterstützung bei der antisemitischen Presse. Es gibt natürlich auch in Westeuropa genügend viel antisemitische Zeitungen. Aber bei uns in Russland hatte diese Presse bei dem vollständigen Mangel an Freiheit und bei dem erzwungenen Schweigen aller anständigen und unabhängigen Organe eine besonders schädliche Wirkung, weil sie noch dazu stets in den besten Beziehungen zur Bureaukratie stand. Auch der "Regierungsanzeiger" wirkte nach Kräften durch die kritische Beleuchtung, die er den Tatsachen gab, oder auch einfach durch sensationelle Erfindungen, denen jede faktische Grundlage mangelte, an der antisemitischen Propaganda mit. Als Beispiel kann man auf eine Depesche des Regierungsanzeigers aus Pinsk verweisen. Bald nach den Metzeleien in Kischinew veröffentlichte dieses Blatt ein Telegramm über einen unerwarteten Überfall eines christlichen Knaben, namens Josef Kisilew, durch drei Juden in der Nähe der jüdischen Synagoge. Diese Juden sollen den Knaben angeblich so lange geschlagen und verwundet haben, bis er das Bewusstsein verlor, und ihn sodann am Ufer des Flusses Pina hingeworfen haben, wo er von dem so glaubwürdigen Korrespondenten des Regierungsanzeigers gefunden worden sei. Die Depesche rief damals in Russland eine ungeheure Sensation hervor. Schließlich aber erwies sich diese Mitteilung als eine reine Erfindung. Besonders charakteristisch ist der Umstand, dass, als der ältere Bruder des Kiselew aus diesem Anlass eine Widerlegung an den Regierungsanzeiger einsandte, dieser sich weigerte, sie abzudrucken.

In dem Bericht, den der Regierungsanzeiger über die Metzeleien in Kischinew brachte, wurde als auf eine Ursache der Unruhen darauf hingewiesen, dass ein jüdischer Karussellbesitzer eine christliche Frau mit ihrem Kinde heruntergeworfen hätte. Bei den gerichtlichen Untersuchungen stellte es sich heraus, dass es damals gar kein Karussell in Kischinew gegeben hat. Man hat also, nur um zu beweisen, dass die Juden den Anlass zu den unerhörten Brutalitäten gegeben haben, welche die russische Bevölkerung an ihnen verübte, ein Karussell erdichtet, das niemals bestanden hat, und eine rührende Geschichte von einer unglücklichen Christenmutter, ihrem unschuldigen Säugling und einem grausamen Juden ersonnen. Noch aus der jüngsten Zeit lässt sich von einer ähnlichen Entstellung der Tatsachen berichten, und zwar handelte es sich damals um die Judenmetzeleien in Schitomir. Damals brachte der Regierungsanzeiger die Mitteilung, die Juden hätten nach dem Bildnis des Zaren geschossen, einige Christen erschlagen und andere ähnliche Greueltaten begangen. Lauter "Tatsachen", von denen der Gouverneur der betreffenden Provinz erklärte, er hätte sie zuerst aus dem Regierungsanzeiger erfahren.

Ist aus diesen Beispielen schon ersichtlich, dass es leicht möglich ist, vollständig unwahre Mitteilungen in die Welt zu setzen, so ist es noch viel leichter begreiflich, dass vielfach Mitteilungen, welche eine gewisse Unterlage besitzen, einseitig entstellt in die Presse gelangen. In dieser Beziehung sind besonders die Mitteilungen interessant, welche in letzter Zeit über den Aufruhr auf dem Panzerschiff "Fürst Potemkin" bekannt geworden sind. Diese für die Regierung äußerst schmähliche Geschichte musste auf die gesamte russische Gesellschaft einen niederschmetternden Einfluss ausüben, so sehr sich auch die Empfindlichkeit dieser Gesellschaft nach den Niederlagen von Port Arthur, Mukden und Tsushima abgeschwächt hatte. Wie konnte man aber diese Sensation im Interesse des Antisemitismus ausbeuten, wenn in der ganzen Flotte kein einziger Jude zu finden war? Eine schwierige Aufgabe, die indessen vom Regierungsanzeiger in glänzender Weise gelöst wurde. Nachdem sich nun auf dem "Fürst Potemkin" kein einziger Jude befand, musste der Regierungsanzeiger die Darstellung des Aufruhrs mit einer langen Geschichte von den Ereignissen in Odessa, wo es bekanntlich sehr viel Juden gibt, einleiten. Damals wurden einige Revolutionäre, namens Mordka, Itzka u.a. verhaftet, und damit war für die Masse und besonders für die Rowdies der Bevölkerung schon der Schluss gegeben, dass der Aufruhr in der Marine durch die Juden hervorgerufen worden sei. Auf diese Weise verbreitet die Regierung in ihrem offiziellen Organe den Antisemitismus innerhalb der Gesellschaft und der Volksmasse. Sie nimmt dabei zu Mitteln ihre Zuflucht, deren sich selbst professionelle Schwindler schämen müssten.

Die lebhafteste Propaganda wurde indessen nicht vom Regierungsanzeiger geführt (das war nicht immer bequem), die Regierung benutzte dazu ein Handlangerblatt, die "Nowoje Wremja". Im Laufe von fünfundzwanzig Jahren hetzt dieses Blatt, das auch in allen andern Fragen ein Leiborgan der russischen Regierung ist, tagtäglich in der empörendsten Weise alle Bevölkerungsschichten gegen die Juden auf. Es erscheint keine Nummer, die nicht irgendeinen wütenden Ausfall gegen die Juden enthielte. Die empörendsten Maßregeln, die die Regierung gegen die Juden anzuwenden für gut hält, werden als Akte der höchsten Staatsweisheit gepriesen. Aber die Zeitung begnügt sich nicht damit, sie ist jeden Augenblick bereit, der Regierung Gesetzesvorlagen eigener Fabrikation gratis zur Verfügung zu stellen. In langen Leitartikeln, Spezialberichten, in den "Kleinen Briefen" ihres eigenen Redakteurs Suworin, in Korrespondenzen, Feuilletons und Depeschen ihrer Spezialberichterstatter – mit einem Wort, in allen Teilen der Zeitung wird der Gedanke variiert, dass die Juden die schlimmsten und gefährlichsten Feinde des russischen Volkes und Staates sind. Es gibt keine so abscheuliche Verleumdung gegen die Juden, dass die "Nowoje Wremja" sie nicht in ihre Spalten aufnähme. Den Schlächtereien in Kischinew, die in den ersten Osterfeiertagen des Jahres 1903 ausbrachen, gingen Gerüchte über einen Ritualmord, ausgeübt an einem Christenknaben Namens Rybaltschenko aus Dubossar, voraus. Diese Gerüchte wurden von tätigen Agitatoren in der dunkelsten Masse ausgesprengt. Später wurde diese Sache aufgeklärt; es erwies sich, dass die eigenen Verwandten den Knaben getötet hatten. Aber damals erschien kurz vor Ostern in der

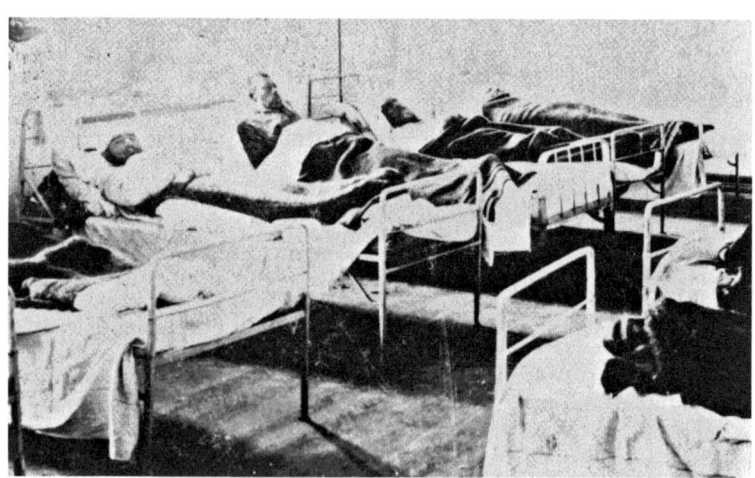

Kischinew 1903: Verletzte des Pogroms.

"Nowoje Wremja"' eine Zuschrift aus Dubossar, deren Verfasser erklärte: es gäbe zwar keine Beweise dafür, aber es sei dennoch ganz unzweifelhaft, dass der Tod des Rybaltschenko auf einen Ritualmord zurückzuführen sei.

Kischinew 1903: Tote nach dem Pogrom.

Die unsinnigsten Fabeln aus irgend einem ausländischen anti-semitischen Winkelblatt finden in der "Nowoje Wremja" bereit-willige Aufnahme, wo sie dem Leser noch dazu in der entsprechenden Beleuchtung aufgetischt werden. Es versteht sich von selbst, dass "Tatsachen" von der Sorte, wie sie der Regierungsanzeiger ans Licht brachte, also z. B. jener famose Überfall eines Christenknaben durch die Juden in Pinsk, zu einem Tagesereignis von höchster Wichtigkeit aufgebauscht werden.

Die Dreyfusaffäre [11] wurde von der "Nowoje Wremja" mit einer Energie und Leidenschaft verfochten, um die sie ein

---

[11] Langjähriger Prozess in Frankreich um den jüdischen Hauptmann Alfred Dreyfus. 1894 wegen angeblichen Landesverrats an das Deutsche Reich verurteilt, 1906 rehabilitiert. Anlass zu antisemitischer Hetze.

Drumont [12] und Rochefort [13] hätten beneiden können. Als die Nachricht von der erneuten Verurteilung des Kapitäns in Rennes eintraf, wollte der Jubel schier kein Ende nehmen. Dabei fehlte es natürlich nie an den entsprechenden Fingerzeigen nach der Seite der russischen Juden: "da ist der Verräter". Danach ist es selbstverständlich, dass die Metzeleien der letzten Zeit von der "Nowoje Wremja" allein den Juden aufs Konto geschrieben wurden. Nicht nur die Staatsideen eines Plehwe [14], sondern auch die liebsten Wünsche und Hoffnungen eines Schutzmanns, aber auch die unverhüllte Bestialität eines gemeinen Räubers und Landstreichers fanden in der "Nowoje Wremja" eine glänzende Rechtfertigung, voll Sympathie für jede Art von Gewalttätigkeit und Niedertracht. Der japanische Krieg und die revolutionäre Bewegung, die ganz Russland ergriffen hat, lieferten der "Nowoje Wremja" neues Material. Im Anfang trug die "Nowoje Wremja" durch ihren albernen chauvinistischen Trotz und durch ihre stete Bereitwilligkeit zur Unterstützung jedes Abenteuers der Regierung nach Kräften dazu bei, den Krieg zu entfachen; sobald sich aber Russlands Schwäche herausstellte, begann sie die ganze Verantwortung für diesen Krieg auf die Juden abzuwälzen. "Die Juden haben die japanischen Kanonen gegen uns gerichtet," schrieb Ssuworin [15]. All diese Gerüchte, dass die Juden den Japanern Panzerschiffe und Kreuzer gekauft hätten, dass sie im eigenen Lande Geldsammlungen für die Japaner veranstalteten, ihnen Pelze und Pferde lieferten, dieses

---

[12] Edouard Drumont (1844-1917), französischer Journalist, Hauptvertreter des Antisemitismus in Frankreich.

[13] Victor Henri de Rochefort (1830-1913), franz. Schriftsteller, Journalist. Herausgeber des "Figaro"; stark polemisierend, auch gegen Dreyfus.

[14] Wjatscheslaw Konstantinowitsch von Plehwe (18546-1904), aus dem litauischen Zweig der Familie stammend, russischer Innenminister von 1902 bis 1904.

[15] Alexei Sergejewitsch Suworin (1834-1912), Publizist, Verleger der Zeitschrift "Nowoje Wremja".

ganze offen daliegende Lügengewebe wurde dem unwissenden russischen Leser als geheiligte, unanfechtbare Wahrheit serviert. In der revolutionären Bewegung nahm dieses Blatt eine zweideutige Stellung ein. Einerseits blieb es der Regierung mit ganzer Seele ergeben, versuchte aber doch mit den fortgeschrittenen Elementen der Gesellschaft zu kokettieren. Dementsprechend wurde auch die europäische Politik geführt. Einerseits waren die Juden die einzigen Urheber aller Morde, Gewalttaten und der übrigen anarchistischen Äußerungen der Revolution, anderseits wurde der russischen Gesellschaft, die ein so deutliches Streben nach dem Bruch mit der ganzen Vergangenheit an den Tag gelegt hatte, vorsichtig der Gedanke suggeriert, dass die Juden in der Befreiungsbewegung besondere Ziele verfolgten.

Die Judenhetze der offiziellen und offiziösen Zeitung stieß nur auf einen schwachen Widerstand bei dem besseren Teile der russischen Presse, einerseits aus kleinmütiger Ängstlichkeit, weil jede dieser Zeitungen fürchtete, in den Ruf eines "Judenblattes" zu kommen, hauptsächlich aber wegen der großen Zensurschwierigkeiten.

Im Anfang der neunziger Jahre veranstalteten russische Schriftsteller auf Anregung des verstorbenen Wladimir Solowjew [16], der in den Kreisen der gebildeten russischen Gesellschaft eine ungeheure Popularität genoss, eine gemeinsame Protestkundgebung gegen die antisemitische Politik der Regierung. Diese Kundgebung war unterschrieben vom Grafen Tolstoi [17], Korolenko [18]

---

[16] Wladimir Sergejewítsch Solowjew (1853-1900), Geschichts- und Religionsphilosoph, der das Ende des Schismas von Orthodoxer und Katholischer Kirche forderte.
[17] Lew (Leo) Nikolajewitsch Tolstoi (1828-1910), Philosoph, Schriftsteller (Anna Karenina; Krieg und Frieden).
[18] Wladimir Galaktionowitsch Korolenko (1853-1921), als Student an der

und vielen andern mehr oder weniger bekannten Schriftstellern. Aber die Oberpressverwaltung verbot den Abdruck der Protest-kundgebung in den Zeitungen. Während die Regierung allen An-dersdenkenden mit der mächtigen Faust den Mund stopfte, gestat-tete sie andererseits die Predigt eines bestialischen Antisemi-tismus, dem es oblag, die Gesetze gegen die Juden zu rechtferti-gen und die Wege für neue Maßnahmen derselben Art zu ebnen.

Durch die gemeinsamen Anstrengungen der Gesetzgebung, der Administration und der antisemitischen Presse gelang es, eine Bevölkerung von sechs Millionen Juden in eine so elende Lage zu stürzen, wie sie bisher noch bei keinem Volke vorgekommen ist. Die "Hohe Kommission" unter dem Vorsitz des Grafen Pahlen (siehe oben), die die Lage der Juden in den achtziger Jahren untersuchte, kam zu dem Schlusse, dass gegen 90 % der ganzen jüdischen Bevölkerung eine nahezu besitzlose Masse ohne alle Existenzmittel ausmachen, die daher gleich dem "Proletariat" in höchster Armut und unter den ungünstigsten hygienischen Le-bensverhältnissen leben muss. Die Lage der Juden wurde indes noch immer schlimmer. Die amerikanischen Delegierten Weber und Kampster berichten ihrer Regierung Folgendes über ihren Besuch in Wilna, einem der wichtigsten Zentren der jüdischen Bevölkerung: "Wir nehmen einen Eindruck mit, der sich nie ver-wischen wird. Solch ein Elend haben wir noch nie gesehen und werden wir hoffentlich auch nie wieder sehen." Diese Zeilen, die der Leser auf Seite 101 des gedruckten und veröffentlichten Be-richtes finden kann, haben mehr Ähnlichkeit mit dem Aufschrei einer empörten Seele als mit der offiziellen Darlegung eines Beamten. Es bedarf schon der Stumpfheit eines russischen Polizis-

---

Moskauer Universität wegen Teilnahme an revolutionären Bewegungen exmatrikuliert. Schriftsteller, kämpft gegen den Antisemitismus in Russ-land.

ten, um ohne zu zucken von den Märtyrern des Ansiedlungsrayons zu sprechen, die – man weiß nicht für welche Sünden – dem Hungertode und der Willkür einer unmenschlichen Administration und eines losgelassenen Pöbels preisgegeben sind. Das Ansiedlungsrayon wartet noch auf seinen Dante; ich will mir jedoch erlauben, einige Zeilen aus einem Werke zu zitieren, die meiner Meinung nach etwas von dem Pulsschlag des Lebens spüren lassen.

"Man kämpfte ums Brot. Tag für Tag sah man Menschen wie durch eine Wüste und ewige Finsternis wandern, ohne ein Ende ihrer Qual vor sich zu sehen, den nie verstummenden Schrei nach Brot auf den Lippen. Menschen, die mit dem ganzen Aufgebot ihrer Kräfte um ihr Leben rangen. Sie glichen Fanatikern und Wahnsinnigen; keine Macht konnte sie auf ihrem Wege aufhalten. Sie peinigten sich selbst, wie freiwillige Märtyrer, indem sie, ohne sich einen Augenblick zu besinnen, für ein Stück Brot alles dahingaben: Gesundheit, Kraft und alle ihre Fähigkeiten." ...

"Müde, mit seltsamem Gesichtsausdruck, gingen diese armen, in Lumpen gekleideten Juden, mit brennenden Augen und tausend Plänen im Kopfe, blind für die sie umgebende Welt, die sie nicht kannten und nicht kennen wollten, heftige und seltsame Reden führend, gleichsam im Schatten der Sonne durch diese finstere Wüste, wo nichts für sie bereitet war. Gesunde und Kranke, arme Hausväter, Zwischenhändler und Makler – sie alle taten dasselbe, sie bauten Pläne, arbeiteten und waren immer geschäftig. [...] Was bedeutete ihnen die ganze schöne Welt? Was war ihnen das Leben? Sie kämpften um ein Stück Brot."

(Juschkewitsch, "Die Juden". [19])

---

[19] Semjon Solomonowitsch Juschkewitsch (1868-1927), Schriftsteller und Dramatiker. Seine Erzählung "Jewrei – Die Juden" ist 1904 entstanden und Maxim Gorki gewidmet.

Eugen Tschirikow und Semjon Juschkewitsch, 1900

Die antisemitische Presse beruft sich häufig darauf, dass das Ansiedlungsrayon eine Fläche einnimmt, die größer ist, als so man-
ches große westeuropäische Reich; dabei verschweigt sie jedoch
absichtlich den Umstand, dass die Juden innerhalb dieses Distrikts
nur in den Städten und Flecken, d.h. also auf einem ganz nichtigen
Bruchteil vom ganzen Territorium wohnen dürfen, und dass noch
dazu in diesen Städten eine große Zahl von Berufen den Juden
vollständig verschlossen ist. Hierzu gehören der Staatsdienst in der
Verwaltung, dem Justizressort, der Munizipalität, bei den Eisen-
bahnen und im Schulfach. Selbst ein Jude, der für seine Tapferkeit
auf dem Schlachtfelde mit dem Georgskreuz dekoriert ist, kann
nicht einmal Schutzmann werden. Als das Branntweinmonopol
eingeführt wurde, wurden alle früheren Besitzer von Ausschänken
zu Verkäufern in den staatlichen Branntweinläden ernannt. Davon
blieben jedoch sämtliche Juden – und ihre Zahl betrug einige
Zehntausend – ausgeschlossen; sie wurden einfach in die Welt
hinausgestoßen. Die in den Städten des Ansiedlungsrayons zusam-
mengedrängten Juden haben nur das Recht, Handwerker zu

werden und Handel zu treiben, oder einer sogenannten liberalen Profession anzugehören. Aber auch auf diesem Gebiete hat die Isolierung der Regierung in dem natürlichen Gang der ökonomischen Entwicklung einen zuverlässigen Verbündeten gefunden, indem die Fabrik die Handwerkerwerkstätte immer mehr verdrängt und den Kaufmann und Kapitalisten an die Stelle des Ladenbesitzers setzt, der nicht die genügenden Mittel zu einem Geschäftsbetrieb von größerem Umfang besitzt.

Nach den statistischen Daten der jüdischen Kolonialgesellschaft verteilen sich die Juden folgendermaßen auf die verschiedenen Berufe:

Handwerker	33 %	Handeltreibende	}
Pauper	18,8 %	Liberale Professionen	} 34%
Tagelöhner	10 %	Dienstboten	}
Fabrikarbeiter	2,1 %	Rentner	}
Landwirte	2 %		

Bei der Untersuchung der letzten Kategorie dieser Tabelle kommt Herr Juschakow zu folgenden Schlüssen. Die liberalen Professionen betragen im Westen 1,5 – 5 % der Bevölkerung. Unter den Juden des Ansiedlungsrayons können sie kaum mehr als ein Minimum ausmachen. Die Polen nehmen meist nur die Dienste ihrer eigenen Landsleute in Anspruch. Die russischen Beamten und die Armee sind auf staatlich Angestellte angewiesen. Die große Masse der Christen (das Volk) bedarf solcher Dienstleistungen fast gar nicht. Bleibt also nur die jüdische Bevölkerung, welche viel zu arm ist, um einen erheblichen Prozentsatz für die liberalen Professionen abzugeben. Die Rentner rekrutieren sich vorzugsweise aus Landwirten und pensionierten Beamten. Diese kommen aber unter den Juden kaum vor. Als Dienstboten endlich fungieren bei den Handwerkern – Lehrlinge, bei den kleinen Händlern – kleine Employés, Tagelöhner und Arme. Bauern und Fabrikarbeiter halten überhaupt keine Dienstboten. Bleiben also nur die Großhändler und die liberalen Professionen, bei denen in den meisten Fällen einheimische Christen dienen. Aus solchen Erwägungen heraus glauben wir annehmen zu dürfen, dass von den 34 % kaum mehr als 1-2 % auf die liberalen Professionen, Dienstboten und Rentner kommen. Die übrigen 32-33 % widmen sich gleichfalls dem Handel "Russkoje Bogatstwo".

("Russischer Reichtum") 1905, V.

Ein Drittel Handwerker, ein Drittel Händler, ungefähr ein Fünftel Pauper, das ist die Zusammensetzung der jüdischen Bevölkerung des Ansiedlungsrayons. Es ist selbstverständlich, dass die Städte des Bezirks unmöglich eine solche Masse von Händlern und Handwerkern ernähren können.

In den "Materialen der jüdischen Kolonialgesellschaft" (Bd. I, S. 220) gibt es ein besonderes Kapitel unter dem Titel "Der Wohlstand der Handwerker". Noch niemals hat ein Titel einen so ironischen Klang gehabt. Dieser "Wohlstand" besteht in einer Durchschnittseinnahme von 4-5 Rubel pro Woche für einen Meister, die indessen bis zu einer Einnahme von 6-8 Rubel pro Monat und in einem Durchschnittslohn von 6-10 Rubel monatlich für einen Gesellen, bei einer Arbeitszeit von 15 Stunden täglich herabsinkt. Dieses Bild des "Wohlstandes" wird noch ergänzt durch die Mitteilungen der Korrespondenten der Kolonialgesellschaft. Aus Onol (im Gouvernement Lublin) schreibt man:

"Die Schneider und Schuhmacher dieser Stadt befinden sich in einer äußerst elenden Lage. Sie arbeiten 16 Stunden täglich in feuchten und engen Räumen, während ihre Frauen die ganze Woche hindurch die Märkte bereisen, um ihre Waren loszuwerden. Trotz der ununterbrochenen Arbeit dieser Handwerker leiden sie häufig die größte Not. Das findet seine Erklärung darin, dass sie während des Sommers fast gar keine Arbeit finden können. […] In Wilkomir (im Gouvernement Kowno) ist die Einnahme der Handwerker so gering, dass sie nach dem Bericht des Korrespondenten oft nicht dazu ausreicht, um den Bedarf an Brot zu decken. Solche Meister schlagen sich dank der Hilfe ihrer Frauen, Töchter und der anderen Familienglieder durch, die durch Handel, Tagelohn oder persönliche Dienste noch etwas hinzuverdienen."

Jüdische Straßenmusikanten

"In der Ortschaft Dubrowna (im Gouvernement Mohilew) verdienen die Weber, welche Gebetmäntel herstellen, 1,5 bis 2 Rubel pro Woche. Viele von diesen Webern leben nur von Brot und Wasser." Diese Auszüge mögen genügen. Von dem "Wohlstand" der Händler ist in den "Materialen" der jüdischen Kolonialgesellschaft nichts zu finden. Es ist aber kaum anzunehmen, dass ihre Lage im allgemeinen besser ist, als die der Handwerker. Ein charakteristischer Zug der westrussischen Städte, der jedem Reisenden auffällt, ist die große Menge von kleinen Läden, in denen Pfennigwaren feilgeboten werden, die ihrem Besitzer Einnahmen bringen, welche sie kaum vor dem Hungertode schützen können.

Nach den Handwerkern und Händlern ist wohl die zahlreichste Klasse die der Paupers. Personen, die der öffentlichen Wohltätigkeit zur Last fallen, bilden ein Fünftel der städtischen Bevölkerung oder eine Million Seelen. In den großen städtischen Zentren ist der Prozentsatz noch höher. In Wilna z.B. betragen sie 37 % der jüdischen Bevölkerung, in Dwinsk 30 %, in Schitomir 29,5 % usw. Etwas ähnliches kommt auf der ganzen Erde nicht wieder vor. In den Vereinigten Staaten bilden die Paupers bloß 0,14 %, in Deutschland 3,4 %, in Großbritannien 2,9 % usw.

Die Daten der jüdischen Kolonialgesellschaft beziehen sich auf das Ende der neunziger Jahre. So traurig auch die Lage der jüdischen Bevölkerung damals war, das Schlimmste stand ihr noch bevor.

Die beschränkenden Gesetze, die Zirkulare der verschiedenen Ressorts, die von wütendem Hass gegen die Juden erfüllt waren, eine grobe und freche Behandlung seitens der Obrigkeit, — dies alles befestigte die christliche Bevölkerung in der Überzeugung, dass man sich den Juden gegenüber keinen Zwang aufzuerlegen brauche. "Man hat mir gesagt, ich könnte eines Juden wegen nicht

Jüdischer Dorfladen in Podolien

zur Verantwortung gezogen werden." Mit diesen Worten vertei-
digte sich ein Mörder vor Gericht.

Gleichzeitig weckte die antisemitische Zeitungshetze die aller-
niedrigsten Instinkte in der Masse und stieß sie auf den Weg
äußerster Bestialität. Der erste und furchtbarste Schlag traf die
Juden in Kischinew [20], wo der Kaliban [21] der russischen Presse
Pawlokij Kruschewan [22] im Laufe von mehreren Jahren in dem
Blatte "Bessarabetz" einen Kreuzzug gegen die Juden gepredigt
hatte. Über die Kischinewer Judenverfolgungen ist seinerzeit
genug geschrieben worden. Ich will nur kurz rekapitulieren: Am 6.
und 7. April 1903 veranstalteten sogenannte Christen, die unter der
Last ihrer Nächstenliebe erlagen, eine Judenschlächterei, da sie
genau wussten, dass es bei den Juden keine Nächstenliebe gibt.
Diese Menschenfreunde warfen kleine Judenkinder aus dem

---

[20] Heute Chişinău (Kischinau), Hauptstadt Moldawiens.
[21] Grober Unhold.
[22] Pawel Alexandrowitsch Kruschewan (1860-1909), Journalist, Verleger
und russischer Beamter in Bessarabien (Moldawien).

3. Stocke aufs Straßenpflaster, vergewaltigten jüdische Frauen, rissen ihnen die Gedärme aus dem Leibe, sägten Hände und Füße entzwei, drückten ihnen die Augen aus und trieben ihnen mit einem solchen Eifer Nägel in die Nasenlöcher, dass diese die Schädeldecke durchbohrten und aus dem Nacken hervordrangen. Gleichzeitig raubten diese christlichen Menschenfreunde den jüdischen Schneidern, Schuhmachern und Tischlern ihr ganzes Besitztum, das diese der christlichen Bevölkerung "durch ihre abscheuliche Ausbeutung abgenommen hatten". Unterdessen erfreuten sich die Behörden an dem Schauspiele. Wenn sich aber die Juden in ihrer Widerspenstigkeit zu Gruppen zusammenscharten, um den Angreifern Widerstand zu leisten, so gaben die Behörden den christlichen Soldaten und Kosaken, die mit Bajonetten und Peitschen bewaffnet waren, den Befehl, die Juden sofort auseinander zu treiben. Später wurden noch einige interessante Details bekannt. Einige Wochen vor der Schlächterei war ein Beamter der Sicherheitspolizei aus Petersburg, Baron Löwendahl, vom Minister Plehwe nach Kischinew abgesandt worden, − wahrscheinlich hatte der verstorbene Minister für seinen heiligen Lebenswandel die Gabe des Fernsehens erhalten. Da er die Möglichkeit einer Judenmetzelei in Kischinew voraussah, schickte er einen zuverlässigen Beamten dorthin, um, wie man annehmen muss, die antisemitischen Unruhen daselbst zu verhindern und unmöglich zu machen. Indessen das Benehmen dieses Agenten Plehwes vor und während der Unruhen erschien so seltsam, dass die die Juden verteidigenden Rechtsanwälte während des Kischinewer Prozesses den größten Wert auf das Verhör gerade dieses Zeugen legten. Der Gerichtshof gab indessen diesem Verlangen nicht nach, und die Rolle der höheren Administration bei der Kischinewer Katastrophe blieb mithin unaufgeklärt. Was die Juden anbelangt, so haben sie nie daran gezweifelt, dass die Verfolgung von oben herab inspiriert worden ist. Kischinew rief eine unbeschreibliche Panik unter

den Juden hervor. Es gab keine Stadt und keinen Ort, wo die Juden nicht mit Schrecken einer Verfolgung entgegen sahen. In einigen Ortschaften wie z.B. in Kiew und Rostow veranlassten hartnäckige Gerüchte über eine bevorstehende Judenverfolgung eine Massenauswanderung der Juden aus diesen Städten. Am ersten September desselben Jahres 1903 brach eine Judenmetzelei in Homel aus, die die Juden acht Tote und eine große Anzahl von Verwundeten kostete. Annähernd dreihundert Häuser und Läden wurden von den Angreifern zerstört. Hier leisteten die Juden den Räuber- und Mörderbanden gegenüber bewaffneten Widerstand. Wären nicht Heeresabteilungen den Räubern zu Hilfe geeilt, die Juden hätten ihnen für immer die Lust benommen, fremdes Eigentum zu rauben. Die Gerichtsbehörde versuchte den Nachweis zu liefern, dass die Juden die Russen angegriffen hätten, und dass es sich nicht bloß um einen Akt der Notwehr gehandelt habe. Jedoch wurde diese Beschuldigung durch das Bild, welches die Zeugen (Christen und Juden) vor Gericht aufrollten, in allem widerlegt. Unter anderem stellte sich heraus, dass die Soldaten mit dem Rücken zu den Angreifern gestanden und ihre Gewehrläufe gegen die Juden gerichtet hätten. Als die Juden den Versuch machten, die Kette der Feinde zu durchbrechen, und ihren Stammesgenossen zu Hilfe zu eilen, wurde auf sie geschossen. Unterdessen raubten und zerstörten die Räuberbanden in Gegenwart der Polizei, der Offiziere und Soldaten ruhig das Eigentum der Juden. Eine der Szenen der Homeler Unruhen spielte sich folgendermaßen ab: Der Polizist Tscharnoluzski sah ruhig zu, wie Räuberbanden die Bretterbuden der Juden zerstörten. Einige jüdische Budenbesitzer näherten sich ihm weinend und flehten ihn an, doch ihr Eigentum zu retten. Statt dessen rief ihnen Tscharnoluzski entgegen: "Die Juden haben Geld genug, kommt mir nicht zu nahe, sonst schieße ich." Hierbei schlug er mit seinem Säbel nach einem Juden. Solche Szenen sollen nach dem Bericht der Zeugen häufiger vorgekommen sein.

Die juristische Zeitschrift "Prawo" ("das Recht") charakterisiert die Judenverfolgungen und den Prozess von Homel in folgender Weise: "Am hellen Tage wurde ein ganzes Viertel einer bedeutenden Provinzstadt zerstört und eine Reihe von Gewalttätigkeiten an den Bürgern verübt. Bald darauf wurden die Geschädigten noch in Anklagezustand versetzt, die zu Grunde Gerichteten, Geschlagenen und Verwundeten ein Jahr lang im Gefängnis gehalten und sodann auf die Anklagebank gebracht. Ein ganzes Jahr brauchte man, um durch künstliche Zusammenstellung von Tatsachen ein Schriftstück (den Anklageakt) herzustellen, das nach der Meinung der Verfasser der Judenschaft einen entscheidenden Schlag versetzen musste und es für immer in den Ruf eines staatsgefährlichen und unsozialen Volksstammes bringen sollte. Aber man hatte sich in der Rechnung geirrt. Schritt für Schritt riss das verwickelte Lügennetz während des Prozesses entzwei, und trotz aller Anstrengungen der Leiter des Prozesses ward das Gewebe von Betrug und der schmähliche Versuch enthüllt, Recht und Gerechtigkeit blinden Leidenschaften aufzuopfern."

Die Verteidiger der Homeler Juden konnten indes die Sache nicht zu Ende führen. Sie sahen sich gezwungen, den Saal, in dem die Verhandlungen stattfanden, wegen der äußersten Grobheit des Gerichtspräsidenten gegen einen ihrer Kollegen mit Protest zu verlassen.

Nach Homel trat eine längere Ruhepause ein. Die Judenverfolgungen erneuern sich wieder im Jahre 1904 und zwar diesmal unter tätiger Mitwirkung der zum Kriege einberufenen Reservisten. Es sei hier bemerkt, dass die Folgen des Krieges sich außer allen sonstigen Erscheinungen, die er in seiner Begleitung hatte, im Ansiedelungsrayon weit mehr bemerkbar machten, als im übrigen Russland. Nach den Daten des Finanzministeriums, die im Februar 1904 publiziert wurden, ist der Gesamtumsatz der Petersburger Staatsbank um 26 %, der der Moskauer um 20 %, der der Warschauer um 36 %, der der Odessaer dagegen um 43 % (!) gesunken.

Der Krieg stellte auch weit größere Anforderungen an die jüdischen Gemeinden hinsichtlich des Unterhalts der Familien, deren Glieder in den Krieg gesandt wurden, als an die christliche Bevölkerung. Der russische Bauer hinterließ seiner Familie wenigstens ein Gut und einen Hausstand, während die Familie des jüdischen Proletariers schon am Tage seiner Abreise hungern musste. Trotzdem bescherte der Krieg den Juden noch eine Reihe von Verfolgungen. Sie begannen in Alexandria (im Chersonschen Gouvernement), wo ein Pöbelhaufe unter Mitwirkung von Reservisten an dem jüdischen Feiertage "Jom Kippur" (am 6. September), während alle Juden in der Synagoge waren, in die jüdischen Häuser und Läden einbrach und die Waren zu rauben begann. Viele Juden wurden geprügelt, und drei von ihnen starben sogar an den Wunden. Hierauf folgten Verfolgungen in einer ganzen Reihe von Städten und Flecken des Gouvernements Kiew und Mohilew (Smela, Boguslaw, Bykow, Gorki, Mstislawl, Schurawitsch). Besonders ernst waren die Verfolgungen in der Stadt Mohilew, wo es auch Tote und Verwundete gab und die ärmeren jüdischen Stadtteile völlig zerstört wurden. Von hier aus breiteten sich die Verfolgungen über das Gouvernement Witebsk bis zur Provinzstadt Smolensk aus.

Mit besonderer Besorgnis erwarteten die Juden das Osterfest im Jahre 1905. Ein Jahr des Krieges und der inneren Anarchie hatten einen günstigen Boden für alle diejenigen geschaffen, die sich auf Kosten des jüdischen Eigentums gütlich tun wollten. Die Behörden hatten zwar versprochen, Maßregeln zu ergreifen, aber die Juden schenkten diesen Versprechungen wenig Glauben. In den stärker bevölkerten Gegenden organisierten sich die Juden, um sich für den Fall eines Angriffs selber zu verteidigen. In den weniger bevölkerten sammelten sie Geld, um die Polizei zu kaufen. Die Polizei nannte ganz unverhohlen die Summe, die die Juden zu bezahlen hätten, wenn sie keinen Angriff befürchten wollten.

Einer meiner Freunde war Augenzeuge folgender Szene in einem Flecken Südrusslands. Mein Freund betrat eine sogenannte Selterwasserfabrik, um ein Glas Limonade zu trinken. Bald darauf kamen zwei Juden von ehrwürdigem Äußeren herein und riefen den Wirt auf die Seite. Es entspann sich zwischen ihnen eine Unterhaltung, die im Flüstertone geführt wurde, aber bald in einen lauten Streit ausartete. Die Juden sprachen natürlich ihren Jargon. "Ihr fürchtet Gott nicht", schrie der Fabrikant, "drei Rubel von mir zu verlangen, ich habe nicht einmal Geld genug, um mir Brot zu kaufen, und dabei habe ich eine Familie von vier Kindern." "Reb Chaim, wir alle geben über unsere Kräfte, was sollen wir mit diesen Schurken anfangen, oder willst du, dass sie die Köpfe deiner Kinder an einem Stein zerschmettern?"

Auf diese Weise wird Geld für die Polizei gesammelt, um die Verfolgungen abzuwenden. Aber dieses Mittel hilft nicht immer. So blieb es zum Beispiel in Mohilew unwirksam. Die ersten Osterfeiertage brachten die Nachricht von den Metzeleien in Dusjaty (im Gouvernement Kowno), in Feodosia, Melitopol und Simferopol (inTaurien). Das Schrecklichste aber war die Judenverfolgung in Schitomir am 24. und *25.* April. Dort gab es 18 Tote und einige Hundert verwundete Juden; von den drei getöteten Christen fielen zwei, der Student Blinow und der Polizist Kujarow, zweifellos dem Pöbel zum Opfer, über den dritten ließ sich bisher nichts ermitteln.

Die Tatsachen, die der Schlächterei vorhergingen, der Charakter und die näheren Umstände der Unruhen lassen keinen Zweifel darüber aufkommen, dass die Judenverfolgung in Schitomir nicht eine Metzelei im alten Sinne, sondern ein Zusammenstoß durch Agitatoren fanatisierter Rowdies und Vertreter der fortgeschrittenen Elemente der jüdischen Jugend war. Davon zeugen die "patriotischen Proklamationen", die schon lange vor der Verfolgung verbreitet wurden und dazu aufforderten, Studenten, Sozialisten, Juden und alle anderen "Feinde des Väterchens Zar" zu erschlagen; dafür sind die Gerüchte ein beredtes Zeugnis, die allgemein und eifrig verbreitet wurden, wonach die Juden nach einem Bildnis des Kaisers geschossen hätten, sowie die anonymen Briefe, die Personen zugestellt wurden, welche im Rufe der "Unzuverlässigkeit" standen u.s.f.

Die Haltung des Heeres war in Schitomir dieselbe, wie bei den früheren Unruhen: es kehrte dem Pöbel den Rücken und den Juden die Front zu und richtete die Flintenläufe ausschließlich gegen diese. Eine neue und nie dagewesene Episode in der Geschichte der Judenmetzeleien bildet der tragische Tod des russischen Studenten Nikolaus Blinow, der vor den Augen der Offiziere und Soldaten erschlagen wurde. Alle die Blinow kannten, reden von ihm in Ausdrücken der Verehrung und Begeisterung; in Studentenkreisen genoss er allgemein die größte Sympathie. Das heilige und reine Blut dieses Märtyrers, das für die Juden vergossen ist, hat dem Bund zwischen den fortgeschrittenen Elementen der Russen und Juden die Weihe gegeben. Die seltsamsten Schlächtereien fanden in den Vororten der Stadt Podolien statt. Hier stieß eine Gruppe von bewaffneten Juden mit dem Pöbel zusammen. Die ersteren – meist Arbeiter und Jünglinge, die ausgezogen waren, um die Bevölkerung vor den wütenden Banden zu beschützen und dem Pöbel die Möglichkeit zu nehmen, in die Stadt einzudringen –

schlugen den Angriff des Feindes mit einem bewunderungswürdigen Heldenmut ab, obwohl er ihnen zahlenmäßig weit überlegen war. Die Verfolgung hörte sofort auf, als die Behörden dem Pöbel erklärten, das Heer habe Befehl erhalten, auf ihn zu schießen.

Um dieselbe Zeit wurden in dem Orte Trojanowo (200 Werst von Schitomir) zehn jüdische Jünglinge erschlagen, die auf dem Wege von Tschudnowo nach Schitomir waren, um ihren Stammesbrüdern zu Hilfe zu eilen. Darüber wusste der 18-jährige Jakob Mitnowetzki, der noch lebend in das jüdische Krankenhaus zu Schitomir eingeliefert wurde, Folgendes zu berichten: "Wir waren unser vierzehn und fuhren aus Tschudnowo nach Schitomir. In Trojanowo wurden wir umringt und durchsucht; nachdem man uns alles abgenommen hatte, schlug man mit Beilen und Knitteln auf uns los."

"Ich sah, wie meine Kameraden einer nach dem anderen tot niederstürzten. Da erschien ein Schutzmann; es waren noch vier am Leben, ich und noch drei meiner Freunde. Der Schutzmann befahl, uns nach dem Krankenhaus zu Schitomir zu bringen, aber unterwegs wurden wir den Händen unserer Beschützer entrissen und aufs neue gequält und gepeinigt. Ich wurde gebunden und zum Priester gebracht. Er bat für mich, man solle mich nicht anrühren. Der Pöbel aber lachte, schleppte mich wieder fort und schlug mich von neuem. Darauf sagten die Wächter, die uns nach Schitomir bringen sollten, sie haben für unsere Sicherheit aufzukommen, da der Schutzmann ihnen befohle habe, uns nach Schitomir zu schaffen. 'Nun wenn es so ist', sagte der Pöbel, 'so wollen wir ihn frei lassen, zuerst aber soll dieser Hund seine Juden noch einmal sehen.' Ich wurde in bewusstlosem Zustande zu meinen Kameraden geführt. Plötzlich fand ich mich in einer schmutzigen Lache; man begoss mich mit Wasser, um mich wieder zum Bewusstsein zu bringen. Und jetzt erblickte ich die zehn Leichen meiner Freunde! ... Nie im Leben werde ich dieses Bild vergessen können! Der eine lag mit abgeschlagenem Kopfe da, einem anderen war der Bauch aufgeschlitzt, einem dritten hatte man die Hände abgehauen. Ich wurde aufs neue bewusstlos und erwachte erst hier auf diesem Krankenbette wieder."

Wenn bei den Verfolgungen in Schitomir der von der Polizei zum Schutze der bestehenden Ordnung organisierte Pöbel die Hauptrolle spielte, so fällt diese während der folgenden Judenhetzen in Bjalystok, Bobruisk, Brest-Litowsk und Sedletz der Armee selber zu, die "zum Schutze und zur Sicherheit der Bewohner" in diesen Städten einquartiert war. Zur näheren Charakteristik dieser Ereignisse will ich hier die Beschreibung der Sedletzschen Judenverfolgung hersetzen.

Die Zeitschrift "Prawo" ("Das Recht") meldet: Am 14./27. Mai versammelte sich in Sedletz morgens 1,5 Werst vor der Stadt eine Menschenmenge, bestehend aus jüdischen Arbeitern und Handwerkern mit ihren Frauen und Kindern, im ganzen etwa 200 Mann, zum gemeinsamen Spaziergang nach dem nahe gelegenen Walde. Plötzlich kamen von der Stadt her zwei Schwadronen Dragoner und noch eine Heeresabteilung unter dem Kommando des Offiziers Kusakow angeritten. Trotzdem die Menge keinerlei Absichten merken ließ, eine Demonstration oder etwas dem Ähnliches zu veranstalten, keine Fahne ausbreitete, keine Rufe ausstieß, und obgleich in der Folge bei ihr weder Proklamationen, noch Waffen, noch Stöcke gefunden wurden, sondern die Menschen bloß zusammengedrängt und hilflos dastanden, wie eine Hammelherde – wurden sie doch umringt, es ertönte das Kommando "Säbel aus der Scheide, haut die Juden!" und die Säbel sausten auf die wehrlose Menge nieder. Es gab hierbei 100 Verwundete und zu Krüppeln Geschlagene. Die Soldaten schlugen auf die Arme und auf den Kopf los und hauten auf die zum Schutze ausgestreckten

Hände ein. Es wurde kein Pardon gegeben, weder Kindern noch Frauen. Eine Frau erhielt einen Schlag auf den Kopf, dabei wurde ein Nervenzentrum verletzt, und sie verlor den Verstand. Die, welche sich aus dem Staube zu machen versuchten, wurden eingeholt, geschlagen und wieder zur Menge zurückgetrieben. Dabei muss vermerkt werden, dass gar keine Forderungen an die Leute gestellt waren und kein Befehl. sich zu zerstreuen, an sie ergangen war. Die Dragoner umringten die Menge ganz plötzlich und gingen sofort zur Schlacht über. Hierauf wurden alle im Galopp bis in die Stadt getrieben. Die verwundeten und verletzten Frauen konnten nicht so schnell laufen wie die Pferde und fielen unterwegs hin. Man ließ die Pferde über sie hinweggehen und trieb sie weiter bis zum Gefängnis. Hier folgte der·Epilog. Inzwischen waren Soldaten aus den Kasernen zusammengetrommelt worden, die noch nicht an der Schlächterei teilgenommen hatten, und hier begannen nun neue Peinigungen und Quälereien.

Man schlug die Verhafteten mit Steinen vor den Kopf und rief: "Seht ihr, wir fürchten uns nicht vor euren Bomben! Ehe ihr Zeit findet, sie gegen uns zu schleudern, schlagen wir euch eure Köpfe wie Nussschalen ein." Der Polizeimeister, der offenbar die Rache der Gequälten fürchtete, suchte die Peiniger zurückzuhalten. Die Folter wurde für eine kurze Zeit unterbrochen, als aber der Polizeimeister zur Seite trat, begannen sie aufs neue. Schließlich wurden alle bis auf den letzten ohne jedes Verhör und noch vor der Ankunft des Generalgouverneurs, des Staatsanwalts oder Gendarmerieobersten frei gelassen. Die Verwundeten wurden ins Krankenhaus gebracht, wo 80 von ihnen verbunden werden mussten. Heute befinden sich noch 30 Mann im Krankenhaus, die zum Teil sehr schwere Verletzungen davontrugen, unter diesen neun Frauen. Einer der Verwundeten wurde mit einer fast völlig abgehackten Hand nach Warschau gebracht und dort zur Heilung im "europäischen Krankenhause" untergebracht. In den andern oben erwähnten Städten ereignete sich Ähnliches wie das, was in Sedletz passiert war.

Der völlige Mangel an persönlicher Sicherheit, die Unsicherheit des Eigentums, die Willkür der Zivil- und Militärbehörden, die Gewalttätigkeiten der Soldaten und des Pöbels haben einen günstigen Boden für das Wachstum der extremsten revolutionären Ideen in der jüdischen Bevölkerung geschaffen. Ende der achtziger Jahre entstand der "Bund" (von dem weiter noch genauer die Rede sein soll), der im herrschenden Moment eine gewaltige Bedeutung gewonnen hat. Wenn noch vor einigen Jahren der Kampf eines kleinen Häufleins jüdischer Intellektueller mit der allmächtigen russischen Regierung als ein geradezu lächerliches und wahnwitziges Unternehmen erschien, so ist diese Einschätzung der Kräfte heute kaum noch gerechtfertigt. Das haben die Ereignisse in Lodz vom 8., 9 und 19. Juni bewiesen.

Die Januartage in Petersburg, wo die Arbeiter mit Kreuzen und Heiligenbildern zum Zaren pilgerten, um ihm ihre Not zu klagen, erscheinen im Verhältnis zu den Lodzer Junitagen als das reinste Kinderspiel. Diese Junitage haben sich nach dem Ausdruck des Regierungsberichtes "durch die äußerste Anspannung der revolutionären Energie" ausgezeichnet. Fünf Regimenter, darunter zwei Kavallerieregimenter, konnten nur mit der größten Mühe mit dem aufrührerischen Proletariat fertig werden. Es mussten Sapeure zu Hilfe gerufen werden, um die Barrikaden zu zerstören, die eine Höhe von drei Stockwerken erreichten. Die Zahl der Opfer überstieg die der Berliner Revolutionstage vom Jahre 1848 um ein Bedeutendes. Der Hass gegen den russichen Despotismus hat sich noch nie mit einer solchen Gewalt, einer solchen Selbstaufopferung und einem solchen Heldenmut geäußert, wie hier. Die Lodzer Tage erinnern bloß durch die Bestialität, mit der das Militär gegen die Juden wütete, und durch die Beleuchtung, die die Regierungsberichte diesen Vorgängen gab, an die früheren Judenverfolgungen. Dem inneren Sinn nach ist dagegen Lodz gerade die entschiedenste Auflehnung gegen diese Verfolgungen. Lodz hat bewiesen, dass die christliche und die jüdische Masse durch gemeinsame Interessen und einen gemeinsamen Feind verbunden sind, und, was die Hauptsache ist, diese Wahrheit ist beiden Parteien bereits zum Bewusstsein gekommen. Jüdisches und christliches Blut ist in einen Strom zusammengeflossen, eine Tatsache von ungeheurer Bedeutung, die eine neue Ära im Verhältnis von Juden und Christen bilden wird.

Leider werden sich die guten Folgen der Lodzer Tage noch nicht so bald bemerkbar machen; einstweilen hat dieses gewaltige Industriezentrum, das für Hunderttausende von Arbeitern die Existenzmittel beschafft, als solches zu existieren aufgehört. Und nicht bloß Lodz. Alle bedeutenden Zentren des Ansiedelungsrayons befinden sich in einer ganz ähnlichen Lage, so: Odessa, Warschau, Bjalystok und viele andere.

Was jetzt im Ansiedelungsrayon vor sich geht, spottet jeder Beschreibung. Wer es überhaupt möglich macht, der wandert aus. Die Zahl der Auswanderer, die früher 40.000 bis 50.000 pro Jahr betrug, hat sich seit der Kischinewer Judenverfolgung verdoppelt. Zur Auswanderung bedarf es jedoch auch der Mittel, und diese fehlen fast ganz. Die Zeitungen von Lodz und andern großen Städten konnten noch im Anfang dieses Jahres täglich von Fällen berichten, wo Menschen auf der Straße ohnmächtig zusammensanken oder sich das Leben nahmen.

- - - - - - - - - - -

Das sind die Lebensverhältnisse der russischen Juden. Nur die außergewöhnliche Elastizität des Geistes, die den Juden auszeichnet, den ein tausendjähriges Martyrium gestählt hat, nur die Eigenart seines Innenlebens gibt ihm die Kraft, diese Verhältnisse zu ertragen und sogar gegen sie anzukämpfen. Von diesem Innenleben der russischen Juden, welches nicht nur in Westeuropa, sondern auch in der russischen Gesellschaft noch wenig bekannt ist, möchte ich zum Schluss noch einige Worte sagen.

Wer kennt nicht den russischen Juden; schmutzig, verachtet, missgestaltet, in Lumpen gehüllt, wartet er auf der Schwelle irgend eines Wohltäters, lungert er auf den Straßen der westeuropäischen und amerikanischen Städte und weckt nur in wenigen guten Seelen mitleidige Verachtung oder noch häufiger einen heftigen Widerwillen.

Jüdischer Handwerker in Podolien.

Indessen die Menschen, welche auf ihre Zivilisation, ihre gesellschaftlichen Einrichtungen, ihren materiellen Wohlstand so stolz sind, die Menschen Westeuropas sollten sich doch diese "Parias des Menschengeschlechtes" ein klein wenig näher ansehen.

Menschen, deren ganze Arbeit im Abschneiden von Kupons besteht, schämen sich nicht, diese Masse des Müßigganges und Schnorrerturns anzuklagen. Wo aber kann man menschliche Arbeit billiger kaufen als bei der Masse jüdischer Auswanderer? Wer ist leichter für eine harte Arbeit zu verwenden (Sweating System [23]) als der russische Jude? Für einen geringfügigen Lohn, den ein jeder europäische und amerikanische Arbeiter mit Empörung zurückweisen würde, ist der Jude bereit, 18 Stunden unter den traurigsten hygienischen und sanitären Verhältnissen zu arbeiten. Sind das nun Faulenzer? Man fühlt sich zurückgestoßen durch ihre Unwissenheit und ihren nach unserem Geschmacke hässlichen Jargon. Aber hat man je über folgende merkwürdige Erscheinung nachgedacht: Zugleich mit den 10.000 ungebildeten Juden treffen alljährlich Hunderttausende oder nahezu eine Million ebensolcher ungebildeter Italiener, Slowaken, Ruthenen u.s.f. in Amerika ein.

Aber während die letzteren immer unwissend bleiben und nur höchst langsam und unter großen Anstrengungen für die Zivilisation gewonnen werden, stürzen sich die Juden mit einem wahren Feuereifer auf die ihnen

Jüdische Hühnerverkäuferin

---

[23] Form der Heimarbeit, wobei Materialien zur Fertigung an Handwerker oder kleine Werkstätten abgegeben und im Verlagssystem aufgekauft werden.

zugänglichen elementaren Bildungsmittel. Ihren Kindern geben die jüdischen Auswanderer dagegen immer nicht nur eine elementare und mittlere Schulbildung, sondern lassen sie häufig noch an Hochschulen studieren. Die amerikanischen Lehranstalten, besonders die von New York, sind mit Juden überfüllt. Ist denn ein solch lebhaftes und leidenschaftliches Bildungsstreben ein Kennzeichen einer zur Bildung unfähigen Masse? Ich glaube das Gegenteil. Ich glaube auch, dass eine nähere Bekanntschaft mit dem inneren Leben des Ghettos viele dazu veranlassen würde, ihr Verhältnis zu den russischen Juden grundsätzlich zu ändern. Eine merkwürdige Durchgeistigung des jüdischen Milieus, das ist der Grundzug, der den Juden aus der ihn umgebenden Rohheit und Barbarei heraushebt und zugleich mit der aussichtslosen wirtschaftlichen Notlage die Rolle des Judentums in der modernen russischen Freiheitsbewegung zu erklären geeignet ist. Moritz Lazarus [24] schildert in seiner vorzüglichen autobiographischen Skizze "Aus einer jüdischen Gemeinde vor 50 Jahren", das Leben einer jüdischen Ortschaft in folgender Weise: Die höchste Sorge eines jeden Juden besteht darin, seinen Kindern eine gute Bildung zu geben. In dem Ort können alle ohne Ausnahme: Männer, Frauen, Knaben und Mädchen wenigstens h e b r ä i s c h lesen. Die Literatur, über die ein Lesekundiger verfügt, ist außerordentlich groß. Die Synagoge besitzt eine Bibliothek, die jedem kostenlos zur Verfügung steht. Der tiefste Unterschied, der innerhalb der sozialen Abstufungen gemacht wird, ist der Unterschied zwischen Gelehrten und Ungelehrten. Von etwa 200 Hausbesitzern haben mindestens 40 ein Gelehrtendiplom. Die übrigen sind Geschäftsleute und Handwerker, unter diesen erteilen einige Jünglingen

---

[24] Moses (Moritz) Lazarus (1824-1903), Psychologe, Professor und Mitbegründer einer "Völkerpsychologie"; trat für eine Modernisierung des Judentums ein (z.B. bezüglich der Stellung der Frau).

Unterricht im Talmud [25]. So kommen, wie Lazarus berichtet, auf 200 Männer 40 Gelehrte, die ohne alle weltlichen Ziele und ohne jeden praktischen Vorteil mit unermüdlichem Eifer ihrer zwar eng umgrenzten, dennoch aber einer außerordentlichen geistigen Anstrengung und bedeutenden Fleiß erfordernden Wissenschaft obliegen. Ein ganz ähnliches Bild des geistigen Lebens jüdischer Gemeinden in Polen und Litauen gibt ein Chronikschreiber aus der ersten Hälfte des 17. Jahrhunderts. "Es gibt kein Land", sagt er, "in dem die heilige Schrift unter unseren Brüdern so verbreitet wäre, wie im Königreich Polen. In jeder Gemeinde existiert eine Jeschiba [26], deren Oberhaupt ein reiches Honorar aus gesellschaftlichen Geldern erhält, damit es ruhig leben und sich der Lehrtätigkeit widmen kann. Die Gemeinden erhalten noch außerdem junge Leute auf ihre Kosten, denen sie einen bestimmten wöchentlichen Lohn bezahlten, damit sie den Unterricht in der Jeschiba genießen können. Einem jeden Jüngling werden mindestens zwei Knaben zugeteilt, die er seinerseits zu unterrichten hat, um sich rechtzeitig im Talmud-Unterricht und in der religiösen Disputierkunst zu üben. Jeder Jüngling wird mit seinen zwei Schülern im Hause eines wohlhabenden Bewohners aufgenommen und wie ein Sohn der Familie behandelt. Es gibt kaum ein jüdisches Haus, wo nicht entweder der Hausvater oder der Sohn oder Schwiegersohn, oder endlich der bei ihnen wohnende Lehrer ein Gelehrter ist. Gewöhnlich treffen deren mehrere in einem solchen Hause zusammen."

Diese allgemeine Verehrung dessen, was man Bildung und wahre Wissenschaft nennt, ist dem jüdischen Volke in Fleisch und

---

[25] Sammlung jüdischer Schriften, die die mündliche Überlieferung des jüdischen Gesetzes und der religiösen Lehren dokumentieren.
[26] Eigentlich "Jeschiwa": Jüdische höhere Schule, die sich dem Studium der Tora und des Talmuds widmet.

Blut übergegangen. Der Gegenstand der Verehrung kann sich wohl ändern, eine Wissenschaft kann durch eine andere, ein Bildungssystem durch ein anderes ersetzt werden, aber ganz ohne Bildung und Wissenschaft kann der Jude nicht mehr existieren. Es ging hier wie in den meisten Fällen, das Mittel wurde zum Zweck, die Bildung, welche von den ersten Vätern der Synagoge hauptsächlich als ein Mittel, das zu einem tieferen Verständnis des Gesetzes und zur Befestigung in der Religion führte, geschätzt wurde, ward später zu einem selbständigen Ziele. In den sechziger Jahren [1860er] beginnen die ersten Strahlen der europäischen Aufklärung in die jüdische Masse zu dringen. Die Werke eines Lilienblum [27], Gordon [28], Smolenskin [29] und anderer, die alle in althebräischer Sprache geschrieben sind, eröffnen der Jugend eine neue Welt, die zwar dem Talmud und der Synagoge fremd, doch aber voll entzückender Herrlichkeit ist, und was Nikolaus I.. durch die äußerst strengen Maßregeln seiner Politik nicht von den Juden erreichen konnte, vollzog sich weit schneller und radikaler unter der Einwirkung dieser verbotenen Bücher. Es bedurfte weder der Polizei, noch der Geldstrafen und Arreste oder anderer Maßnahmen zur Verbreitung der Aufklärung im Geiste Nikolaus I. Die Juden schnitten sich selbst mit wahrer Freude ihre Locken ab und zwar ganz kurz bis auf die Haut. Sie legten die Kaftans mit den langen Rockschößen ab und gewöhnten sich allmählich an den Genuss von Schweinefleisch, was doch eine offenbare Über-

---

[27] Moshe Leib Lilienblum (1843-1910), aus der Gegend von Kaunas (Kowno/Litauen) Gelehrter, Schriftsteller historisch-philosophischer Schriften. Wegbereiter des Zionismus.

[28] Jehuda Leib Gordon (1830-1892) aus Wilna, Lehrer und Schriftsteller, der zunächst für eine Assimilation in Russland eintrat, nach den Pogromen aber die Auswanderung empfahl.

[29] Perez (Peter) Smolenskin (1840-1885), Publizist, Novellist und Herausgeber von Zeitschriften aus der Gegend von Mogilew (Belarus), vertrat als Zionist einen kulturellen jüdischen Nationalismus.

tretung des biblischen Gesetzes ist, aber der Durst nach Wissen wurde nicht geringer, sondern wuchs unaufhaltsam wie eine Naturkraft. Man begann die neuen Sprachen und exakten Wissenschaften zu studieren. Ein jeder, dem es gelang, trat in die allgemeinen Lehranstalten, Gymnasien und nachher in die Universität ein.

Die siebziger Jahre waren Jahre der allerinnigsten geistigen Gemeinschaft zwischen den russischen und jüdischen Intellektuellen. Jene Bewegung unter der russischen Jugend, die damals im Schwange war und sich darin äußerte, dass die jungen Leute ins Volk gingen, um die revolutionäre Propaganda in die Massen zu tragen, wurde von den Juden eifrig mitgemacht, wobei die jüdische Jugend unter dem "Volk" vor allem das "russische Volk", die Bauern und Landleute verstand. Der größte russische Bildhauer, der Sohn eines armen jüdischen Schankwirtes aus dem Wilnaer Ghetto, Mark Antokolski [30], arbeitete damals gerade an seinem 'Iwan der Schreckliche' und 'Peter der Große'. Der bedeutende Jurist Orschanski [31] schrieb an einer Untersuchung über das russische Gewohnheitsrecht, der große Komponist Rubinstein [32] arbeitete an der Musik zum 'Kaufmann Kalaschnikow' [33]. Ein bedeutender Teil der jüdischen Jugend nahm damals an der revolutionären Bewegung starken Anteil und brachte diesem so aussichtslosen Unternehmen nicht weniger Opfer als die russischen Kameraden.

---

[30] Mark Matwejewitsch Antokolski (1843-1902), Bildhauer an der Petersburger Kunstakademie, häufig in Rom und Paris, hat sich an die russische Kultur assimiliert.
[31] Ilja Grigorjewitsch Orschanski (1846-1875), Historiker und Jurist, Vertreter einer Assimilation der Juden in Russland.
[32] Anton Grigorjewitsch Rubinstein (1829-1894), Pianist, Dirigent und Komponist, Leiter des Petersburger Konservatoriums.
[33] Oper in drei Akten von 1880, nach einem romantischen Prosastück von Michail Jurjewitsch Lermontow (1814-1841) aus dem Jahre 1837.

Die eigenen Volksgenossen hatten die gebildeten Kreise der Juden so gut wie ganz vergessen. Die lebendige, kühne, aufrichtige und talentvolle russische Literatur mit ihren herrlichen Gleichnissen und der großartigen Predigt einer hohen Humanität, ihrer glühenden Liebe für alle Erniedrigten und Beleidigten, ihren brennenden Hass jedes Despotismus' und aller Gewalttätigkeiten rissen die Juden mit sich fort. Es schien das Los der jüdischen Bildung zu sein, ganz im Russentum aufzugehen. Da kamen die ersten Judenverfolgungen der achtziger Jahre. Ihnen folgte bald eine Reihe beschränkender Gesetze. Die russischen Journalisten, die in den sechziger Jahren wie ein Mann gegen das Wort "Jud" protestiert hatten, beginnen in der "Nowoje Wremja" zu schreiben, und das Judentum zieht sich auf sich selbst zurück. Es beginnt die Palästinabewegung, die allerdings nur ein paar Dutzend landwirtschaftliche Kolonien, die in der alten Heimat des jüdischen Volkes gegründet wurden, zum Resultat hatte, aber doch auch einen großen Einfluss auf die Anschauungen und Überzeugungen der jüdischen Gesellschaft gewann. Die Palästinaidee verflüchtigt sich dann einerseits in den Nationalismus und entwickelt sich andererseits zum Zionismus. Die jüdischen Intellektuellen wenden sich wieder zu der Masse ihres Volkes zurück.

In allen Forderungen, Resolutionen, Protesterklärungen treten die Juden nicht mehr wie eine religiöse Gruppe innerhalb des russischen Volkes auf, sondern als bestimmte Nationalität, welche dieselben Rechte auf eine eigene Entwicklung besitzt, wie die anderen Nationen des völkerreichen Staates. Eine solche Erscheinung lässt sich zum ersten Male in der Geschichte der jüdischen Emanzipationsbewegung beobachten. Weder die französischen, noch die englischen, noch die deutschen Juden haben je auf ihre nationalen Rechte hingewiesen, vielmehr waren sie immer nur darum bemüht, ihre Zugehörigkeit zu der Nation, innerhalb welcher sie gerade lebten, zur Anerkennung zu bringen. Die Juden Russlands wollen nicht für Russen mosaischer Konfession gehalten werden, sie wollen als Bürger des russischen Staates dennoch Juden bleiben. "Die menschliche Persönlichkeit, bemerkt Gradowski, ist nicht durch 'Freiheit und Gleichheit' definiert, obwohl beide Bedingungen und äußere Mittel für eine vernünftige Entwicklung des Menschen innerhalb der Gesellschaft sind." Auch der russische Jude bedarf nicht nur der Freiheit und der Gleichheit. Er hat eine große Vergangenheit, seine nationalen Reichtümer sind unerschöpflich. Er steht mitten drin in einer Masse von sechs Millionen Stammesgenossen, die kulturell weit höher steht, als die sie umgebende Bevölkerung. Der russische Jude hat keine Lust, in der falschen und unwürdigen Lage seiner westeuropäischen Brüder zu verbleiben, die es sich von ihren Nachbarn als Gnade ausbitten, dass sie ihnen ihre jüdische Herkunft vergeben und vergessen und sie als Angehörige ihrer Nationalität betrachten mögen.

Die russische Gesellschaft kann die Rechtmäßigkeit dieser Bestrebungen nicht anders, als anerkennen, um so mehr als darüber kein Zweifel herrschen kann, dass auch eine selbständige nationale Entwicklung des Judentums niemals zu einem kulturellen Separatismus führen wird. Ich muss hierbei an ein Bankett der jüdischen Nationalisten in Petersburg denken, welches vor einigen Jahren am Makkabäertage [34] stattfand. Bei dieser Gelegenheit wurden mehrere palästinafreundliche, zionistische und in weiterem Sinne nationalistische Reden gehalten, aber keine von diesen Reden machte einen so tiefen Eindruck·wie die, welche mit einem Toast auf die russische Literatur schloss. "Ich trinke auf

---

[34] Tag zur Erinnerung an den Aufstand der jüdischen Makkabäer gegen die Seleukidenherrschaft im 2. Jh. v.Chr. Darauf fußt auch das heutige Chanukka-Fest.

unsere Lehrmeister", sagte der Redner, "auf die russischen Schriftsteller, welche uns die Liebe zu allem Hohen und Edlen einge-
pflanzt haben, auf die russischen Volksfreunde, die auch uns
gelehrt haben, den Sinn des Lebens in der Arbeit für das Wohl des
Volkes zu suchen."

Parallel mit der nationalen Bewegung läuft die Propaganda der
sozialdemokratischen Lehre unter dem jüdischen Proletariat.

Die ersten Bildungsvereine, in denen Vorlesungen über die russische Sprache, Geschichte, Naturwissenschaften, vor allem aber
über die marxistische Lehre vor jüdischen Arbeitern gehalten
wurden, waren von Sozialdemokraten in der Mitte der achtziger
Jahre in Wilna gegründet. Die Zuhörer erwiesen sich als sehr
gelehrig, und der Erfolg überstieg alle Erwartungen. Nach einigen
Jahren eifriger Agitation inszenierte die junge Organisation einen
Streik zum Zweck der Verkürzung der Arbeitszeit, welche in
einzelnen Zweigen achtzehn Stunden pro Tag betrug. Die ersten
Zusammenstöße mit den Arbeitgebern, die gar keine Organisation
hatten, wurden im allgemeinen zu Gunsten der Arbeiter entschieden, und die Bewegung verbreitete sich rasch über ganz Litauen,
von wo aus sie nach Polen und die übrigen Provinzen des Ansiedelungsrayons übergriff. Im Jahre 1897 wurde eine Konferenz
der jüdischen Arbeiterführer zusammenberufen, auf der die Begründung des "allgemeinen jüdischen Arbeiterbundes in Russland,
Polen und Litauen", kurzweg "Bund" genannt, vollzogen wurde.
Die Begründung einer besonderen jüdischen Arbeiterorganisation
wurde von ihren ersten Gründern, die jeder Art Nationalismus
feindlich gegenüberstanden, mit der Notwendigkeit eines Kampfes
gegen die spezielle Judengesetzgebung und mit der Zweckmäßigkeit der Verwendung des jüdischen Jargons bei der Agitation
motiviert. Die Verpflichtung, gegen die beschränkenden Gesetze
zu kämpfen, wurde den jüdischen Sozialdemokraten "in der

Erwägung" auferlegt, "dass der tiefere politische und rechtliche Stand eines Volkes auch auf die Entwicklung seiner Arbeiterklasse als Klasse hemmend wirkt". Diese Furcht vor dem Schatten des großen Begründers des internationalen Arbeitervereins, die sich einigermaßen komisch ausnimmt in dem Bestreben, die Politik des jüdischen Proletariats zum Schutze der allgemeinen jüdischen Interessen zu rechtfertigen, verschwindet immer mehr bei der engeren Berührung mit der Masse des jüdischen Volkes und macht einem nüchternen Verhältnis zur Wirklichkeit Platz. Auf der dritten Konferenz der Bundisten wurde folgende Resolution angenommen: "Die Konferenz erkennt, dass nach dem Sinne des sozialdemokratischen Programms nicht nur keine Klasse über die andere, sondern auch keine Nation über die andere, keine Sprache über die andere herrschen dürfe. Demgemäß müsse sich ein Staat wie Russland, der aus verschiedenartigen Nationalitäten zusammengesetzt ist, in Zukunft in eine Föderation der Nationalitäten auf Grundlage der Autonomie umgestalten."

"Weiter erkennt die Konferenz, dass der Begriff der Nation auch auf die Juden anzuwenden sei."

Dieselben realen Faktoren, welche die bundistische Organisation dazu zwangen, eine nationale Färbung anzunehmen, führten sie auch dazu, den Schwerpunkt des Kampfes aus dem ökonomischen Gebiet (gegen das Kapital) ins politische (gegen den Absolutismus der russischen Regierung) zu verlegen. Die jüdischen Arbeiter stehen in ihrer überwiegenden Mehrheit im Dienste jüdischer Arbeitgeber, auf diese passt aber nur selten das für einen Kapitalisten wesentliche Merkmal, der Besitz von Kapital. Es gibt nur sehr wenig g r o ß e Fabriken, die in den Händen von Juden sind. Der verbreitetste Typus ist die kleine Werkstätte, deren Besitzer oder Meister es gewöhnlich ebenso schlecht hat, wie seine Gesellen und Lehrlinge. In der Erkenntnis der Aus-

178

sichtslosigkeit eines ökonomischen Kampfes bei der heutigen rechtlosen Lage der Juden wandten die Bundisten alle ihre Kräfte gegen den eigentlichen Quell der Rechtlosigkeit des Druckes und der Gewalt in Russland. Natürlich zögerte die russische Regierung nicht lange mit einer Antwort in Form äußerst grausamer Bedrückungen.

Im Jahre 1904 kamen auf 30.000 organisierte jüdische Arbeiter 4.476, die zu Gefängnis oder Deportation nach Sibirien verurteilt wurden. Von dem Prozentsatz der Juden, die an der allgemeinen russischen revolutionären Bewegung beteiligt sind, kann man sich nach den Daten einen Begriff machen, die in der "Zeitschrift für Demographie und Statistik der Juden" Band II, S. 8, veröffentlicht sind. Danach bildeten die Juden in der Zeit vom März 1903 bis zum November 1904 53 % aller für politische Verbrechen Verurteilten. Besonders groß ist der Prozentsatz der Jüdinnen, er beträgt 64,3 aller verurteilten Frauen. Der verstorbene Plehwe behauptete sogar, dass die Juden 80 % aller Revolutionäre stellen.

Indessen vermochten keine Maßnahmen die Bewegung zu unterdrücken, und die bundistische Organisation bildet heute ohne allen Zweifel einen der hervorstechendsten Faktoren der Revolution. Sie hat einen unbestreitbaren Einfluss auf die jüdischen Massen gewonnen, welche ungeachtet ihrer Passivität und Bereitwilligkeit, sich den Behörden zu unterwerfen, zu einem außerordentlich gefährlichen Feinde der russischen Regierung geworden sind.

Was dem Judentume in Russland noch für Schicksale bevorstehen, das ist schwer zu erraten. Eins ist unzweifelhaft, die Juden haben es satt, Sklaven zu sein. "Es ist unser Los", so erklärten die Juden dem Kongreß der Semstwos und Vertreter der Städte, "den bitteren Kelch der Rechtlosigkeit, grenzenloser Willkür, völliger

Niedertretung der Persönlichkeit, und einer unerträglichen Polizeiherrschaft, wie sie in der neueren Geschichte der Kulturvölker einzig dasteht, bis auf den Grund zu leeren. Es ist unsere Pflicht gegenüber unseren Kindern und den kommenden Geschlechtern, sie vor der Wiederkehr von Ereignissen, wie Kischinew und Brest, vor einer Erniedrigung zu bewahren, die das Leben zum Fluche macht. Es ist das Höchste, Teuerste, ewig Lebendige, was wir unseren Kindern hinterlassen können, dass wir sie zu freien Bürgern eines freien Landes machen. Die Verpflichtung aber, die der Jude gegen seine Kinder empfindet, erfüllt er bis ans Ende, und damit zugleich hoffen wir auch unsere Bruderpflicht gegen alle Verfolgten und Unterdrückten in unserem Heimatlande in würdiger Weise zu vollenden."

* * *

Jüdische Hochzeit mit Klezmer-Musikanten.
Gemälde von Isaak Asknaziy, 1893

Biographische Notizen zu Eugen Tschirikow

Евгений Николаевич Чириков, Jewgenij (Eugen) Nikolajewitsch Tschirikow (*Evgenij Nikolaevič Čirikov*) wird 1864 auf einem Landgut in Tschistowka, einem Dorf im Bezirk Samara, geboren. Samara liegt etwa 850 km südöstlich von Moskau am linken Ufer der Wolga. Eugen Tschirikow ist ein Nachfahre des russischen Seefahrers und Sibirienforschers Alexei Iljitsch Tschirikow (1703-1748), der mit Vitus Bering die beiden Kamtschatka-Expeditionen (1728-1729 und 1741-1742), zuletzt als Kommandant des Schiffes St. Paul, mitgemacht hatte. Als Kapitän I. Ranges wurden er und seine Familie fortan Angehörige des niederen Adels (Rangklasse 6). Eugen Tschirikows Vater war Offizier und anschließend Polizeibeamter. Er wurde häufiger versetzt und die Familie wechselte so öfters ihren Wohnort, Eugen selbst unabhängig davon aber auch..

Tschirikow studiert an der Universität in Kasan Jura und Mathematik. Er sympathisiert mit den sozialrevolutionären Narodniki (Volkstümler), bzw. den Sozialdemokraten und wird 1887 zusammen mit Wladimir Uljanow (Lenin) wegen der Beteiligung an Studenten-Unruhen der Universität verwiesen und der Bürgschaft seiner Eltern in Nischni Nowgorod unterstellt. Hier lernt er auch Maxim Gorki kennen, der ihn fortan in seinem schriftstellerischen Wirken unterstützt.

Bis 1902 wird Tschirikow mehrfach wegen revolutionärer Umtriebe verhaftet und auch in anderen Städten, wie Zarizyn, Astrachan oder Minsk, unter Polizeiaufsicht gestellt.

Bereits als Student veröffentlicht Tschirikow kleinere literarische Werke in den Provinzblättern seiner Aufenthaltsorte. Nach ersten literarischen Erfolgen zieht er nach Moskau, ab 1907 lebt er in Sankt Petersburg. Während des Bürgerkrieges schließt sich Tschirikow der weißen Freiwilligenarmee an, in der er in der Abteilung Propaganda in Rostow na Donu tätig wird. Daher zieht er 1918 mit seiner Frau Walentina Grigorjewa dorthin um. 1920 geht er, nachdem Lenin ihn persönlich vor einer Verhaftung gewarnt hat, über Sewastopol auf der Krim nach Konstantinopel, von dort aus nach Sofia – der Fluchtweg der meisten Weißen. Von 1922 an lebt er mit seiner Frau und den fünf gemeinsamen Kindern in Prag, wo er in russischen und tschechischen Periodika publiziert und mehrere literarische Werke verfasst. 1932 stirbt Tschirikow in Prag.

Literarische Tätigkeit

Tschirikow veröffentlichte ab seinem 20-ten Lebensjahr Gedichte, Erzählungen und verfasste später auch Romane und Schauspiele, darunter Иван Мироныч (Iwan Mironytsch, 1904), Мужики (Muschiki, Die Bauern, 1905). Im Juni 1900 las Maxim Gorki in Manuylowka, einem Ort im Donezk, den örtlichen Bauern Tschirikows "Geburtstagskind" vor, die von diesem Werk gerührt waren. (Vgl. Sacharowa, Essay)

Tschirikows Theaterstücke wurden in St. Petersburg und an Provinztheatern aufgeführt. Große Resonanz erfuhr das Schauspiel

Евреи (Jewrei, Die Juden, 1904), das noch im selben Jahr in Berlin und 1905 in Wien auf Deutsch aufgeführt wurde.

Tschirikow war Teilhaber der marxistisch geprägten Verlagsgenossenschaft Snanije, in der Werke von Autoren wie Maxim Gorki, aber auch Anton Tschechow oder Dmitri Mamin-Sibirjak erschienen. An ausländischer Literatur wurden zum Beispiel Gerhart Hauptmann, Gustave Flaubert und Knut Hamsun verlegt. Neben Erzählungen und Schauspielen schrieb Tschirikow auch sogenannte "Stücke für die Leinwand" (Kinoszenarien).

In der Emigration arbeitete er für Zeitschriften in Prag, Riga, Kaunas und publizierte 1923 den Roman Зверь из бездны (Das Tier aus dem Abgrund), 1925 die Trilogie Жизнь Тарханова (Das Leben Tarchanows) und zwischen 1929 und 1931 den fünfbändigen, ebenfalls autobiographischen Roman Отчий дом (Das Vaterhaus).

Deutschsprachige Ausgaben

Die Juden (Евреи). Übersetzt von Georg Polonskij. München : Marchlewski, 1904

Unter Polizeiaufsicht (На поруках). Übersetzt von Sonja Wermer. Wien / Leipzig : Wiener Vlg., 1905 und Berlin-Schöneberg : R. Jacobsthal, o.J.

Erzählungen (Рассказы). Berlin : J. Ladyschnikow, 1906

Rebellen (Мятежники). Übersetzt von A. Stein. In: *In freien Stunden*. Berlin : Vorwärts, 1907

Der Räuberhauptmann (Братья-разбойники). In: *Slatozwjet*. Nr. 1. Berlin 1924

Das Wohlthätigkeitsballett (Балет Благодеяния). In: Alexis

Schleimer (Hrsg.): *Die Laterne.* Berlin : Laterne, 1901

Der tapfere Sperling (Храбрый Воробей). In: *Magdeburger Volksstimme.* 10. Mai 1931

Frühling: Aus einem Jugendroman (Весна). In: *Davoser Revue.* Jahrgang 11, Nr. 7, 1936

Wölfe (Волки). In: Alexander Simon (Hrsg.): *Russische Weihnacht: Weihnachtserzählungen aus Russland.* Zürich : Die Arche, 1965

Auf Bürgschaft (На поруках). Übersetzt von Traute und Günther Stein. In: Karlheinz Kasper (Hrsg.): *Nach dem Ball. Russische realistische Erzähler.* Band 1, 1890-1905. Berlin : Vlg. der Nation. 1983

Der Löwenzahn. Ein Märchen (Одуванчик). Übersetzt von Justin Jura. Berlin : Alexsa, 2018

Das Tier aus dem Abgrund - Poem der schrecklichen Jahre (Зверь из бездны). Übersetzt von Christine Hengevoß. Coesfeld : Elsinor, 2023

Koljas Heimkehr (На поруках). Übersetzt von Anja Schloßberger. Berlin : Friedenauer Presse, 2025

Notizen zu ausgewählten Werken

Zu Leben und Werken Tschirikows gibt es zwei ausführlichere Darstellungen. Die eine wurde 1961 von der sowjetischen Literatin E.M. Sacharowa unter dem Titel "Tschirikow – Essay über Leben und Wirken" als Einleitung zu dessen "Geschichten und Erzählungen" verfasst. Sie geht überwiegend auf die Werke vor der russischen Revolution ein. Die andere hat der russische Schriftsteller und Literaturkritiker Maxim Semelyak verfasst, der

184

einen Überblick über das gesamte Schaffen Tschirikows gibt. (Übersetzung von Anja Schloßberger. Siehe Quellen und Medien).

Евреи (Jewrei – Die Juden). Schauspiel in 4 Aufzügen (1904). Als engagierter Zeitgenosse wandte sich Tschirikow neben historischen auch aktuellen Themen zu. Sein Frühwerk besteht vor allem aus sozialkritischen Erzählungen und dem Drama "Die Juden", mit dem er auf das blutige Pogrom von Kischinew reagierte. Dieses Stück fand große Resonanz und wurde noch 1904 in Berlin und 1905 in Wien auf Deutsch aufgeführt.

Die Literatin E.M. Sacharowa kommentiert 1961 in der Ausgabe von Tschirikows "Geschichten und Erzählungen", Moskau 1961, in ihrem einleitendem Essay: "Leben und Wirken von E. N. Tschirikow":

Eines der bedeutendsten Werke Tschirikows zu Beginn des 20. Jahrhunderts war das Theaterstück "Die Juden", das am Vorabend der Revolution von 1905 veröffentlicht wurde. Es spiegelte die stürmische vorrevolutionäre Stimmung in der russischen Gesellschaft, den scharfen Kampf der verschiedenen ideologischen Lager wider. Das Stück hat einen ausgeprägten sozialpublizistischen Charakter. Sowohl der Stoff als auch die Handlung des Stücks halfen dem Autor, gesellschaftliche Widersprüche überzeugend und scharf aufzuzeigen, die Unterdrückung und Gewalt des autokratischen Systems zu zeigen. [...] Während sonst in Tschirikows Werken das Bild des Arbeiters nur episodisch auftaucht, wird es hier in der Gestalt des Iserson ausgiebiger gezeichnet. [...]

A.M. Gorki zeigte großes Interesse an Tschirikows Arbeit über "Die Juden": "Ich denke, dass Sie aus dem Material, das Sie skizziert haben, etwas Starkes, Deutliches formen müssen", schrieb er an Tschirikow. Im August 1903 las der Autor Gorki und Tschaljapin das Stück vor und teilte Pjatnizki mit: "Alexei Maximowitsch [Maxim Gorki] mochte mein Drama sehr, und er will zu seiner Aufführung sowohl im Ausland als auch hier beitragen."

Gorkis Einstellung zu dem Schauspiel wird am ausführlichsten in seinem Brief an Pjatnizki vom 22. August 1903 enthüllt: "Und nun – freut euch und freut euch. Jewgeni Tschirikow schrieb das Theaterstück 'Juden'. Ich will Ihnen Folgendes sagen: Zum ersten Mal gibt es in der russischen Literatur ein Werk, das die Haltung gegenüber den Juden so herrlich, genau und getreu darstellt ... Eugen berührte alles: die Haltung der Russen zum Judentum, das Verhältnis zwischen Juden, Sozialdemokraten, Zionisten, Orthodoxen und Assimilatoren. Und das alles ist gemacht – naja, sehr gut! Das Stück endet mit dem tragischen Bild eines Pogroms, aber auch ohne dieses wäre es kaum durch die allgemeine Zensur in Russland gegangen. Es stellt sich die Frage nach der Veröffentlichung in Deutschland. [...] Das Stück wird einen riesigen Lärm machen – es ist notwendig, es wird sein."

Von großer fortschrittlicher Bedeutung waren Tschirikows Appell (wie auch andere Snanije-Autoren wie Juschkewitsch und Aizman) an das Leben der jüdischen Armen und in diesem Zusammenhang sein Protest gegen die nationale Unterdrückung. Gorki irrte sich nicht – das Stück durfte aus Furcht vor seiner revolutionären Wirkung nicht aufgeführt werden, aber nach einem beharrlichen Kampf gegen die Zensur gelang es, "Die Juden" in einer Sammlung von Tschirikows Stücken, die 1904 in der "Snanije" erschienen war, in gekürzter Form zu veröffentlichen. Im Ausland wurde es mit großem Erfolg auf den Bühnen der Theater in Paris, London und Wien aufgeführt. In Deutschland wurde das Stück erstmals von russischen Studenten inszeniert und hinterließ einen großen Eindruck. Es gehörte zum Repertoire der Truppe des berühmten russischen Schauspielers P. Orlenev, die durch Europa tourte (Orlenev spielte laut den Memoiren von Zeitgenossen den Nachman brillant).

Es ist jedoch zu beachten, dass der Erfolg von "Die Juden", einem künstlerisch noch fraglos mittelmäßigem Stück (ein gewisser Schematismus in der Schilderung, statisch), in jenen Jahren weitgehend von der Aktualität seiner Probleme bestimmt wurde.

На поруках (Na porukach - Auf Bürgschaft / Unter Polizeiaufsicht). Erzählung (auf Deutsch 1904).

Diese Erzählung erschien 1903 im Verlag "Snanije". Ihre Veröffentlichung stieß auf große Schwierigkeiten, da sie von der staatlichen Zensur beanstandet wurde. Erst nach verstärkten Bemühungen des Verlages und des Einsatzes von Maxim Gorki konnte sie veröffentlicht werden, aber nur in gekürzter Form. Auf Weisung der Zensur mussten die letzten beiden Kapitel, die vom Selbstmord des Helden erzählen, entfernt werden.

Tschirikows Helden sind meist Vertreter der bürgerlichen Intelligenz, in der Regel Studenten, die sich sowohl gegen das Polizeiregime im Land als auch gegen das kleinbürgerliche Umfeld um sich herum wenden und gegen Willkür der Obrigkeit, aber auch gegen die Trägheit der Intelligenzija protestieren. Und obwohl ihr Protest passiv ist und sie selbst unendlich einsam sind, deprimiert durch ihr Versagen, das aus Unkenntnis der wirklichen Bedingungen des Lebens herrührt, erzählt Tschirikow die dramatische Geschichte ihres Lebens mit Sympathie. So geschehen in der Erzählung "Auf Bürgschaft", in der der Student Kolja wegen seiner Teilnahme an Protestaktionen von der Universität in Kiew gewiesen wird, in die Bürgschaft seines Vaters gestellt wird und in das Haus seiner Eltern in der Provinz zurückkehren muss. Zwischen ihm, seinem Vater und den Menschen seines ehemaligen Umfeldes baut sich eine Wand der Entfremdung und des Unverständnisses auf. Kolja kennt das alltägliche Leben mit seinen Anpassungen und Zugeständnissen noch nicht. Deshalb scheitern die Versuche, sein Umfeld zu beeinflussen, und er selbst fühlt sich als ein Fremder in seiner Heimatstadt, der von niemandem verstanden wird, bei niemandem Unterstützung findet. Da er nicht in der Lage ist, seine Vorstellungen anderen, insbesondere nicht seinem Vater, klar zu machen, kann er mit diesem nicht mehr unter einem Dach leben und zieht aus dem Wohnhaus seiner Eltern in ein Nebengebäude, das Badehaus. Doch dieses auf Abstand weiter leben genügt ihm nicht, der familiäre Konflikt spitzt sich zu und endet tragisch. Kolja, der Held der Geschichte, der die Fruchtlosigkeit seiner reformerischen, idealisierten Auffassungen erkennt, begeht aus Verzweiflung Selbstmord.

Die Erzählung hat autobiographische Züge, denn Tschirikow wurde selbst als Student der Universität Kasan wegen seiner Zuneigung zu den Narodniki, den Volkstümlern, und ihrer politischen Umtriebe verwiesen. So zeichnet er seine Verliererhelden mit großer Sympathie. Diese erklärt sich wohl daraus, dass er, der anfangs revolutionären Strömungen gegenüber aufgeschlossen war, keine große Resonanz im Volke fand und am Ende selbst seine Ohnmacht eingestehen musste. Er blieb ein unabhängiger Geist, dessen Gesellschaftskritik sich nicht leicht in politische Kategorien einordnen ließ – im Bürgerkrieg hing er zeitweise sogar den Weißen an. Deshalb musste er manchmal Kritik von allen Seiten einstecken.

(Angelehnt an Sacharowa: Leben und Werk von Tschirikow)

188

Зверь из бездны (Swer is besdny – Das Tier aus dem Abgrund.)
Roman (erschienen 1923).

Im Prager Exil schreibt Tschirikow 1922 innerhalb von vier Monaten sein "Poem der schrecklichen Jahre", in dem er auch seine Erlebnisse im erst kürzlich beendeten russischen Bürgerkrieg verarbeitet. Tschirikow verurteilte die Radikalität der Bolschewisten und vertrat eine eher christlich geprägte Sozialrevolution. In der Sowjetunion blieb das Werk verboten und wurde in Russland erst nach der politischen Wende 1990 veröffentlicht. Die Auffassung sowjetischer Literaten zu Tschirikows Veröffentlichungen im Exil drückte Sacharowa 1961 so aus:

Im Ausland veröffentlichte der Schriftsteller mehrere Romane und Sammlungen von Kurzgeschichten. Einige von ihnen ("Die Bestie aus dem Abgrund", "Mein Roman") zeichnen sich durch eine klare antisowjetische Ausrichtung aus und enthalten bösartige Angriffe gegen die Revolution.

Daher geht die sowjetische Literatin Sacharowa in ihrem Essay über Leben und Wirken Tschirikows nur auf seine Werke, die in der Zeit vor der Revolution entstanden sind und nicht auch auf dieses Werk näher ein,

Die erste deutsche Übersetzung von „Das Tier aus dem Abgrund" erschien 2023 von Christine Hengevoß. Der Elsinor-Verlag kündigte den Roman von der Liebe in Zeiten des Krieges folgendermaßen an:

Das Paradies liegt in der Vergangenheit: Wladimir Paromow lebte mit seiner jungen Ehefrau Lada auf der Krim, und sein Bruder Boris verlobte sich mit der schönen Veronika ... Doch als der Roman einsetzt, ist dies alles schon verloren: Der russische Bür-

gerkrieg reißt das Land in den Abgrund und bringt Tod und Ver-
derben. Die Familien werden auseinandergerissen, die Brüder
ziehen in den Krieg und kämpfen in der Weißen Armee gegen die
Roten und später bei den Roten gegen die Weißen. Sie verabscheu-
en das Morden und werden doch immer tiefer verstrickt in einen
Konflikt, der niemanden verschont und die Brüder zu Rivalen
macht, auch in der Liebe.

Der Verlag sieht in Tschirikows Roman, in dem das Panorama
einer blutigen Epoche entfaltet wird, als Absage an kriegerische
Gewalt in jeglicher Form.

Der russische Literaturkritiker Maxim Semelyak bemerkt in einem von Anja Schloßberger übersetzten Essay, dass Tschirikow
als "Barde der russischen Intelligenzija und zugleich als Chronist
des alltäglichen Elends gilt." Und weiter: "Der frühe Tschirikow
zählt sich zum Lager der sogenannten Schriftsteller im Dienst der
Gesellschaft. Ihn inspiriert alles, was man mit Germaine de Staël
als typisch russisches Unbehagen im späten neunzehnten und
frühen zwanzigsten Jahrhundert bezeichnen könnte."

"Das Poem der schrecklichen Jahre" beurteilt Maxim Semelyak
als Tschirikows "bedeutendstes und bitterstes Buch". Tschirikow
sehe den Bürgerkrieg durch das Prisma einer Dreiecksbeziehung.
Der Schrecken des Krieges bestehe auch darin, dass sich ein
Bruder gegen den anderen erhebe und die Kriegsumstände zu ver-
wickelten Dreiecksverhältnissen führten. Der Bürgerkrieg ent-
fesselte die dunklen Instinke, an erster Stelle die Begierde. Die
Helden vergewaltigen, werden als Tiere aus dem Abgrund be-
zeichnet. Liebe löst sich in zynischer Leidenschaft auf. Die Krie-
ger vergießen Blut, verrohen, morden und werden zu Tieren.
Außerdem ist es ihnen gleichgültig, für wen sie kämpfen, ob für
die Weißen oder die Roten. Und selbst die Grünen, die sich dem

Krieg durch Flucht in die Wälder entziehen wollen, vertieren dort in ihrem Überlebenskampf. Es gibt keinen Unterschied mehr in dem Verhalten der Parteien. Der Mensch verkommt zum Tier, verliert seine Seele. Soweit Maxim Semelyak.

Das Bild vom "Tier aus dem Abgund" findet sich im Neuen Testament in der Offenbarung des Johannes 11/7. Zwei Zeugen, Propheten, sind Sinnbilder für Gesetz und Weissagung:

Und wenn sie ihr Zeugnis geendet haben, so wird das Tier, das aus dem Abgrund aufsteigt, mit ihnen einen Streit halten und wird sie überwinden und wird sie töten. (Nach Luther).

Das Tier ist die immer mächtiger werdende Macht des Finsteren, des Wirkens des Satans, der die Zeugen zwar überwindet und tötet, doch das Tier läuft selbst ins Verderben und die Zeugen stehen wieder auf. Tschirikow geht darauf 1922 in der Vorbemerkung zu seinem Poem ein: Wir sind
einfach nur Zeugen, Zeugen lebendiger Qualen und Leiden, in denen sich die von Untaten und Schrecken durchdrungene Gegenwart bricht, sodass uns bisweilen sogar der Wunsch vergeht, zu leben. [Aber] Die Zeit wird kommen, und das aufgewühlte Meer unseres Lebens wird in seine Ufer zurückkehren. Klaffende Schlünde werden sich schließen, das Wiehern und Trommeln der tollwütig rasenden Pferde mit roten und weißen Mähnen wird verstummen, die schwarzen Wolkenwirbel werden über den Abgründen davonjagen, die Blitze, die den zürnenden Himmel wie Feuerschwerter zerreißen, werden erlöschen, und das Grollen des Donners wird sich in der Ewigkeit verlieren. Dann erstrahlt das Blau des Himmels wieder für die Menschen, uind die ruhigen klaren Tiefen werden Gottes Antlitz spiegeln.

Quellen und Medien

Tschirikow, Eugen: Die Juden – Schauspiel in 4 Aufzügen. Deutsch von Georg Polonskij. München : Marchlewski, 1904

Virtus, M.: Die Juden. In: Melnik, Josef (Hg.): Russen über Russland – Ein Sammelwerk. Frankfurt a.M. : Rütten & Loening, 1906, S. 538 – 586

Dollinger, Hans (Hg.): Rußland – 1200 Jahre in Bildern und Dokumenten. Gütersloh : Prisma, 1986

Nishen, Dirk (Hg.): Das Russland der Zaren – Photographien von 1839 bis zur Oktoberrevolution. Berlin : Nishen, 1989

Obolensky, Chloe: Das Alte Russland – Ein Porträt in frühen Photographien 1850-1914. München : Beck, 1980

Sacharowa, E.M.: E.N. Tschirikow – Essay über sein Leben und Werk (Е. Н. Чириков : Очерк жизни и творчества). In: Tschirikow, Jewgenij: Geschichten und Erzählungen (Повести и рассказы). Moskau 1961, S. 3-22

Semelyak, Maxim: Eindrücke eines Provinzlers – Zum Leben und Werk Jewgeni Tschirikows. Übersetzt von Anja Schloßberger, in: Tschirikow, Jewgeni: Koljas Heimkehr. Berlin : Friedenauer Presse, 2025, S. 111- 144

Weibel, Walther (Hg.): Rußland – Mit 205 Abbildungen. München : Delphin, 1916

Wikipedia: Jewgeni Nikolajewitsch Tschirikow; Alexei Iljitsch Tschirikow; Geschichte der Juden in Russland; Judenpogrom; Die Juden (Tschirikow)

Abbildungen mit Nachweis